Revisitando o trabalho de professores e suas relações interpessoais com adolescentes com deficiência

Elisabeth Neide Klaus Cacalano

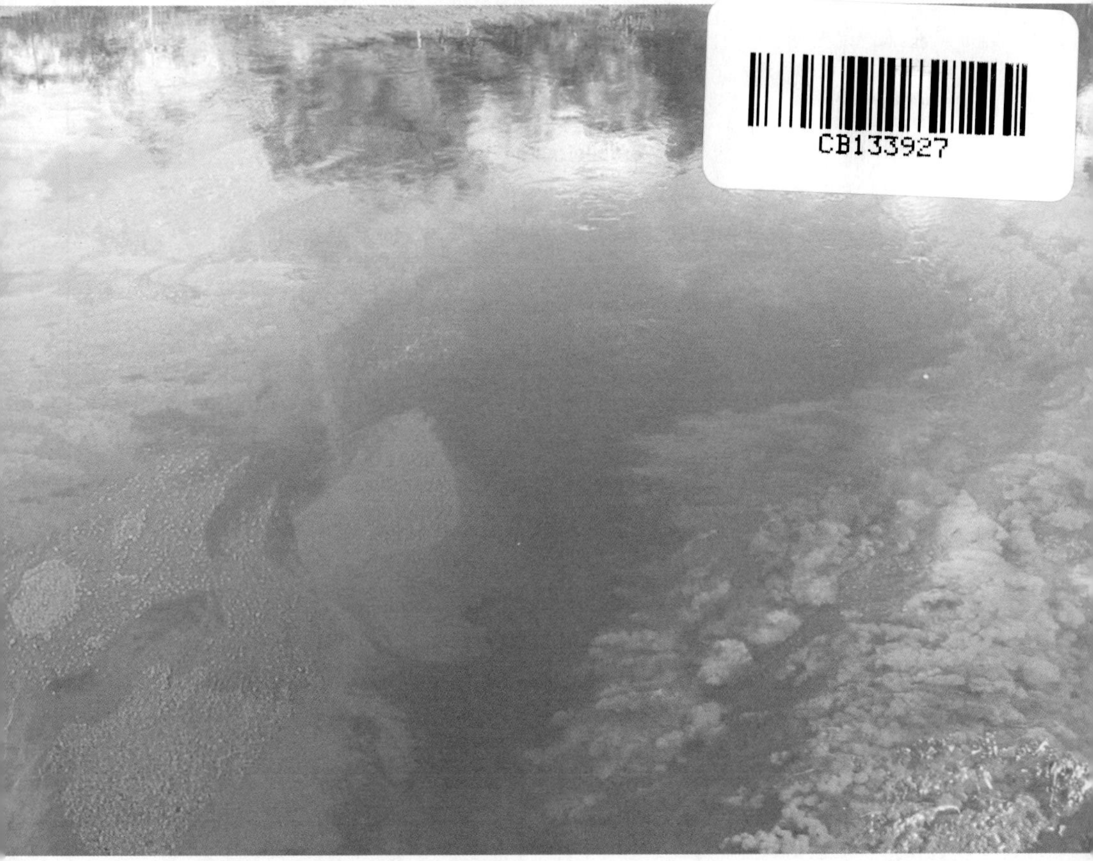

Porto de Idéias
EDITORA

São Paulo, 2011

Revisitando o trabalho de professores e suas relações interpessoais com adolescentes com deficiência

Elisabeth Neide Klaus Cacalano

Conselho Editorial
Carlota J. M. Cardozo dos Reis Boto
Célia Maria Benedicto Giglio
Daniel Revah
João Cardoso Palma Filho
Luiza Helena da Silva Christov

Editor
Sebastião Haroldo de Freitas Corrêa Porto

Projeto gráfico e Capa
Marcelo Maranhão

Revisão
Silvana Pereira de Oliveira

Dados Internacionais de Catalogação na Publicação (CIP)
(Câmara Brasileira do Livro, SP, Brasil)

Cacalano, Elisabeth Neide Klaus
Revisitando o trabalho de professores e suas relações interpessoais com adolescentes com deficiência / Elisabeth Neide Klaus Cacalano. -- São Paulo : Porto de Idéias, 2011.

Bibliografia.
ISBN 978-85-8061-013-0

1. Deficientes - Educação 2. Educação - Finalidades e objetivos 3. Educação especial 4. Educação inclusiva 5. Pedagogia 6. Professores e estudantes - Relacionamento 7. Professores - Formação 8. Psicologia escolar I. Título.

11-07689 CDD-370.158

Índices para catálogo sistemático:

1. Professores e alunos adolescentes com deficiências : Relações interpessoais : Psicologia educacional 370.158

EDITORA PORTO DE IDÉIAS LTDA.
Rua Perdões, 101 – Aclimação
São Paulo – SP – 01529.030
Tel. (11) 3884-3814 – Fax (11) 3884-5426
portodeideias@portodeideias.com.br
www.portodeideias.com.br
twitter.com/portodeideias

Na adolescência, “entre os dez e os quinze anos, a comunicação e a interação social constitui a atividade central, sendo que os conteúdos sociais serão o cerne dessa comunicação” de modo que promovam a formação das funções psicológicas superiores (VYGOTSKY, 1989). A formação das funções psicológicas superiores depende, na escola, da mediação do professor, dado que o mesmo trabalha formalmente com o estabelecimento dos conceitos científicos, que têm início na infância e se ampliam na adolescência, justamente quando a comunicação deveria tornar-se o objeto principal da interação entre o professor e os alunos em suas relações interpessoais.

> As habilidades de relacionamento interpessoal e social são como tantas outras, aprendidas e desenvolvidas no viver junto e dessa aprendizagem ninguém sai igual: mudanças são engendradas, no nível da consciência, das atitudes, das habilidades e dos valores da pessoa, assim como no grau e na amplitude de seu conhecimento e no trato com esse conhecimento, com a cultura (PLACCO, 2002, p. 11).

SUMÁRIO

INTRODUÇÃO

Tal qual um rio de águas cristalinas que mostram a beleza e o colorido do musgo, permitindo olhar seu fundo, como um jardim em flor, o trabalho do professor faz florescer nos adolescentes o desejo de aprender e transformar seu percurso. Assim, senti-me deslumbrada com a limpidez das águas, e a beleza refletida no rio. Uma forte emoção tomou conta de mim. Ainda com os olhos fixos à imagem das águas, percebi ao comparar que, nem sempre os mestres se dão conta de seu trabalho, e que a clareza da linguagem deveria ser o meu norte ao abordar sua prática diária.

Como professora e pesquisadora, meu sonho era tornar público, o trabalho de pesquisa, porém com uma linguagem mais acessível aos professores que em sua prática diária, enfrentam e vencem dificuldades com seus alunos e que, ao mesmo tempo, desejam ser ouvidos, e respeitados em suas salas de aula. Assim, a partir de imagens e memórias de como seria ser jovem com deficiência mental e se encontrar segregado em uma entidade assistencial, tratado como doente mental, fato vivenciado por mim, no decorrer dos estágios do curso de Magistério, quando junto a outras normalistas visitamos instituições "assistenciais" que atendiam crianças, jovens e adultos com várias síndromes degenerativas, doença mental e deficiências, desejei conhecer melhor o tema e me especializar para a docência a alunos a deficiência.

Durante minha formação, recebi uma base teórica sobre o "retardo", proporcionada por professores do curso, e o aprofundamento veio no decorrer da especialização, quando tivemos maior interação com alunos no Serviço de Educação Especial. Nele, muitas vezes encontramos situações complexas, nas quais as pessoas com deficiência mental eram, em geral, idealizadas socialmente de forma negativa pelos familiares e, por não aprenderem como os alunos sem deficiência, conforme relatavam, também eram rejeitados, até mesmo, pelos professores das escolas de origem que, na época, não tinham formação específica. O trabalho era grande e só, com o apoio da equipe multidisciplinar conseguíamos orientar alunos, pais e professores.

Anos depois, no exercício docente no ensino superior, pergunteime, muitas vezes, o que estariam fazendo meus ex-alunos que frequentavam a escola e as classes especiais. Nessa busca, fui informada que um deles, por exemplo, tem como ocupação a coleta de aparas de papelão para uma empresa de reciclagem de papel. Estabeleci contato com ele e notei que embora adulto, suas dificuldades de comunicação eram muitas, mas, com a iniciação profissional, para valorizar a reciclagem de materiais, obviamente, estava apto a fazer aquilo que lhe orientaram, o que, além de proporcionar algum ganho, dava-lhe satisfação.

Tal fato, levou-me a convidar um grupo de alunas do curso de Pedagogia para uma visita a uma oficina de trabalho, que orientava a formação especializada de mão de obra para adolescentes e adultos com deficiência mental, e que fora organizada por pais e professores em uma equipe também composta com orientador pedagógico, psicólogo e pais que trabalhavam na monitoria dos aprendizes. Durante a visita conversamos bastante com eles, mas essa interlocução parecia repetitiva e diferente daquela que, normalmente, estabelecemos com adolescentes sem deficiência, na mesma faixa etária, o que causou certa inquietação ao grupo de alunas visitantes e provocou questionamentos.

Ao comentar a visita, algumas opinaram que se essas pessoas fossem alunos de classes especiais ou regulares, nas unidades escolares da rede estadual de ensino, dificilmente, alcançariam sucesso. Por exemplo, na concepção de uma delas, como alunos, infalivelmente permaneceriam por muitos anos na classe especial, pois, mesmo tendo direito a uma progressão nos estudos, não apresentavam condições de acesso a outros níveis de ensino ou não teriam possibilidade a qualquer outro encaminhamento para o futuro, já que eram deficientes mentais.

O grupo de alunas do curso de Pedagogia explicitava suas incertezas, sua falta de esperança em um futuro, no qual "a escola", enquanto entidade formadora de cidadãos ou orientadora da cidadania, viesse a estabelecer uma relação entre a vida real e as necessidades de preparação das pessoas para uma participação mais ativa. Argumentavam que a escola ainda está muito longe das discussões e das pesquisas sobre as pessoas com deficiência e suas necessidades.

Preocupei-me ao considerar que era preciso contemplar a articulação entre as pesquisas e as necessidades da prática de sala de aula. Essas discussões fizeram-me repensar a função dos formadores nos cursos de formação de professores e reconhecer a existência de preconceitos, e que esses causariam interferências para que os alunos deficientes alcançassem uma progressão nos estudos.

Nesse percurso, tomei consciência de que desconhecia as concepções dos professores sobre a adolescência e a deficiência. É estranho aceitar o fato de que tais alunos, embora apresentem o corpo de adolescente ou de adulto, tenham seu corpo negado e sejam vistos ou tratados como crianças e não como adolescentes ou jovens. É mais estranho ainda perceber que, se recebem do grupo familiar uma atenção e consideração como se ainda fossem crianças e se na escola, apresentam-se com um comportamento compatível com a representação dessa infantilidade, as coisas poderiam se complicar e isto interferiria nas relações entre professores e adolescentes. Também desconhecia este fato; portanto, recorri ao estudo de alguns autores sobre o tema.

Penso que é provável que se mantenham as concepções historicamente cristalizadas sobre normalidade e anormalidade que consideram a pessoa deficiente mental de forma estigmatizada e estereotipada como: doente, desviante, anormal (AMARAL, 1994; CARMO, 1989; VELHO, 1989). Ao refletir sobre tal situação, ampliam-se minhas dúvidas e questionamentos, uma vez que estas concepções, certamente criarão obstáculos à progressão desses alunos em seus estudos na escola, sobretudo no II ciclo do Ensino Fundamental, o que seria importante investigar. Assim, recorri aos documentos oficiais, com a determinação da inclusão dos alunos com deficiência no ensino regular, a partir da Lei de Diretrizes e Bases da Educação Nacional (LDBEN) de 1996 e da Resolução 95/2000[1] da Secretaria da Educação do Estado de São Paulo, que deflagrou um processo de reflexão sobre as questões, buscando estudos sobre o tema e sobre

1 Resolução 95/2000. A Secretária da Educação do Estado de São Paulo, no uso de suas atribuições e com fundamento no disposto nas Constituições Federal e Estadual, na Lei de Diretrizes e Bases da Educação Nacional, no Estatuto da Criança e do Adolescente e na Indicação nº 12/1999 e Deliberação nº 5/2000 do Conselho Estadual de Educação; aprovou a Resolução SE nº 95 de 21/11/2000, que dispõe sobre o atendimento de alunos com necessidades educacionais especiais nas escolas da rede estadual de ensino e dá providências correlatas, entre essas discrimina a formação dos professores que irão trabalhar nas Salas de Apoio Pedagógico, SAPEs.

a formação de professores. No documento da Secretaria da Educação, observa-se a preocupação com a criação de Salas de Apoio Pedagógico (SAPE), sob a regência de professores especialistas que orientarão aspectos pedagógicos como: integração, permanência, progressão e sucesso escolar de alunos com necessidades especiais, especificamente, "em classes comuns do ensino regular, que representam a alternativa mais eficaz no processo de atendimento desse alunado" (Res. SE 95/2000).

Ao tomar contato com tais documentos, verifica-se que é necessário pesquisar sobre essa clientela, principalmente ao considerar que, na escola, o sucesso tem sido perseguido por muitos, mas alcançado por uma minoria de alunos, pois ainda ocorre a exclusão daqueles que apresentam dificuldades e deficiências. Encontram-se raros estudos sobre a temática da deficiência mental no período compreendido pela adolescência e mais significativamente em relação à sua escolarização, o que, com certeza, tem ligação com a existência de preconceitos e com a compreensão do que é normalidade e anormalidade, fato que despertou meu interesse em dar continuidade à pesquisa.

Neste livro, portanto, revisito os estudos sobre "Relações Interpessoais e Concepções de Professores sobre Adolescentes com Deficiência Mental", efetuados para a obtenção do doutoramento em Psicologia da Educação, assim como, retomo o lócus da pesquisa de campo para atualizar o trabalho em uma escola da rede estadual, na cidade de Diadema, a partir do diálogo com a formação de professores, e suas necessidades, na docência para pessoas com deficiência.

Ao descrever a normalidade e anormalidade, os estudos de Carmo (1988) reportam-se à forma como esses conceitos são empregados no senso comum, sem se ter clareza da existência de limites entre o que é normal e o que é anormal. Há, no caso da deficiência, o estabelecimento de critérios de normalidade e anormalidade que, na prática, se constituem por valores históricos e culturais em uma determinada sociedade, como bom e ruim, desejável e indesejável. A noção de deficiência é relativa ao nível de desenvolvimento dos indivíduos e à capacidade de tolerância do grupo ao qual pertence o deficiente. Distinguem-se, geralmente, quatro tipos de deficiência: deficiência sensorial, deficiência motora, deficiência mental e deficiência resultante de doenças crônicas (DORON; PAROT, 1991, 2001).

A deficiência mental, que já foi caracterizada também como retardamento e debilidade, teve origem em uma noção organicista e patogênica que predominou durante quase três séculos. Em decorrência disto, o campo científico defronta-se com vários problemas para a compreensão do que é deficiência mental. O termo "deficiência" abriga, na atualidade, uma gama de indivíduos que também recebem, genericamente, a denominação de pessoas com necessidades especiais e que não conseguem atender às exigências sociais ou do sistema educacional.

O termo "necessidades especiais" caracteriza-se pela presença, em caráter permanente, de algum tipo de deficiência física, sensorial, cognitiva, múltipla, condutas típicas ou altas habilidades. A partir desse conceito foram denominadas como pessoas com "necessidades educativas especiais" àquelas que necessitavam de recursos especializados para desenvolver mais plenamente o seu potencial e/ou superar ou minimizar suas dificuldades (MEC/SEESP, 1994, p. 11).

As informações publicadas pelo MEC (BRASIL, 1994), pertinentes à deficiência, definiam, por estimativa, o modelo adotado pela Organização Mundial da Saúde (OMS) no qual 10% da população brasileira eram portadoras de deficiências, mas a partir do Censo realizado pelo IBGE, em 2000, constata-se que 14,5% da população ou 24.500.000 pessoas possuíam algum tipo de deficiência: física, auditiva, visual, mental ou múltipla deficiência, com algum tipo de necessidade especial. Deste total, 8,3 % pertenciam ao quadro da deficiência mental (IBGE, Censo Demográfico 2000).

Segundo dados oficiais do Censo Escolar de 2002, houve um aumento de 27% no atendimento de alunos com necessidades educacionais especiais em classes comuns do ano de 1999 para 2000, sendo que matrículas de alunos nessa modalidade de atendimento atingiam mais de 73 mil alunos (FOLHA DE SÃO PAULO, 27/3/2001, Caderno Especial, p. 6, *apud* MENDES, 2002, p. 69). Esse percentual se amplia para 30%, no ano de 2003, conforme dados do INEP/MEC. No entanto, seria muito interessante que esse aumento do número de alunos viesse acompanhado dos respectivos serviços de apoio aos professores que se encontram no ensino regular, de modo que a ampliação de oportunidades visasse também à melhor qualidade do ensino.

Tais informações, adicionadas às minhas preocupações como professora universitária e formadora, impulsionaram-me a desenvolver um estudo sobre as concepções que os professores têm sobre os adolescentes com deficiência mental. Busquei, portanto, conhecer as concepções construídas pelos professores em relação aos adolescentes com deficiência mental que frequentam as classes comuns no ensino regular da 5ª à 8ª séries, entre (2003-2004), e que, atualmente, se denomina 6º ao 9º anos, do Ensino Fundamental II.

Assim, foram objetivos deste estudo: 1) analisar as concepções de professores sobre alunos-adolescentes (deficientes mentais); 2) detectar se havia dificuldade nas relações interpessoais entre professores-alunos; 3) identificar o tipo de dificuldade e as necessidades dos professores; 4) revisitar o estudo.

Revisitar o estudo e travar contato com a unidade escolar e sua realidade, decorridos cinco ou seis anos, após a pesquisa inicial, também se fez importante, tendo em vista que alguns professores ainda permanecem no quadro de docentes e a escola teve a implantação de Classes de Apoio Pedagógico a partir de 2009 e 2010. Entre esses professores, há aqueles que obtiveram sucesso, em sua docência, como uma das professoras de Língua Portuguesa, que alfabetizou alunos com deficiência que não sabiam ler até o 5º ano do Ensino Fundamental (2003).

Capítulo I. Diferentes Concepções e Relações Interpessoais

Ao desenvolver os fundamentos sobre a deficiência mental, encontrei estudos de autores que descrem situações em que crianças ou adolescentes com deficiência eram tratados como "doentes ou diferentes", de forma mística; acentuando-se uma concepção de cunho religioso ou assistencial existente desde a Idade Média, e que através de estigmas e de preconceitos parece se estender até a atualidade.

A seguir, busco as alterações das concepções ocorridas nos meios educacionais, nas quais se expandem as classificações sobre pessoas com deficiência mental, para efeito de sua escolarização.

1.1 A deficiência mental e suas relações com preconceitos, estigmas, anormalidade e desvio

De forma segregada, surgiram, na Idade Média, as primeiras instituições dedicadas à assistência às pessoas com deficiência e, no século XIII, na Bélgica, onde se criou a primeira instituição para abrigar pessoas com deficiência mental. Respectivamente, em 1325, na Inglaterra, há o estabelecimento de uma prerrogativa real, na qual o rei legisla sobre os cuidados à assistência para as pessoas com deficiência mental (PESSOTTI, 1984).

Uma mudança acentuada, nesse quadro, ocorreu no período do Renascimento, com certo enfraquecimento do sentido religioso então presente na sociedade que, nesse período, sofre o advento da ampliação das ciências físicas e da Biologia. Segundo Pessotti (1984), tal mudança de concepção teve, como marco, os estudos de Paracelso e Cardano, dois médicos que se dedicaram à explicação da natureza da deficiência mental.

> Na obra intitulada *Sobre as doenças que privam os homens da razão,* publicado em 1567, Paracelso admitia a origem patológica da deficiência mental, embora preservasse o cunho supersticioso da mesma como produto de forças cósmicas ocultas (PESSOTTI, 1984, p. 40).

Tratava-se de uma concepção pré-determinista que vinculava normalidade ou anormalidade da pessoa deficiente mental às questões de ordem biológica, ou se centrava em uma visão organicista, que acreditava ser a deficiência originada de uma lesão do Sistema Nervoso, com uma conotação de doença.

Cardano acrescentou à tese de Paracelso uma primeira preocupação pedagógica com a instrução das pessoas deficientes. Nota-se, porém, que elas continuaram ainda a ser mantidas de forma segregada em asilos, pois havia um domínio das ideias místicas sobre a deficiência, situação que é citada por Mazzotta:

> [...] na história da educação há informações significativas sobre os portadores de deficiência, podendo-se constatar que, até o século XVIII, as noções a respeito da deficiência eram basicamente ligadas ao misticismo e ocultismo (1996, p. 16).

Num polo contraditório e místico, a deficiência considerada como "diferença ou doença" foi interpretada como "um sinal da presença dos deuses ou dos demônios", o que colaborou para a construção de uma mentalidade capaz de suportar as pessoas deficientes, desde que as mesmas permanecessem segregadas em asilos, cercando de misticismo quem as atendesse. Isto é constatado por Amaral (1994), quando se refere à situação de "confinamento ou segregação" daquelas pessoas com deficiências, enquanto se garantia um apoio místico e religioso aos que as tratavam ou amparavam.

Esse tipo de assistência em asilos, segundo Amaral, parece assentar-se na visão religiosa de atendimento ou proteção como caridade. Relacionam-se também esses asilos à criação de manicômios destinados ao amparo médico aos loucos, impedindo-os, assim, de conviver e se integrarem socialmente. Tal fato afastou os doentes do convívio com outras pessoas, criando-se a concepção da necessidade de segregá-los para o bem dos demais, confirmando assim o sentido teológico dado à deficiência, baseado em preceitos religiosos (AMARAL, 1994).

As concepções sobrenaturais da deficiência mental são substituídas pela concepção organicista da deficiência entre os séculos XVII e XVIII, sendo que a última prevalece, ainda, no início do século XX (PESSOTTI, 1984).

O tratamento aos "deficientes ou diferente", oriundo do senso comum, caracterizava-se dentro de uma perspectiva de patologia, por sintomas de desequilíbrio ou doença, passível de um diagnóstico ou orientação para possível tratamento dessa anormalidade, visto que a concepção vigente era de que tais pessoas encontravam-se fora da normalidade ou desviante desta. Nesse sentido, Velho (1989), ao estudar o comportamento desviante, afirma que, tradicionalmente, tais indivíduos têm sido assim apresentados:

> A partir de uma perspectiva médica preocupada em distinguir o "são" do "não-são" ou do "insano". Assim certas pessoas apresentam características de comportamento "anormais", sintomas ou expressão de desequilíbrios e doença (Idem, p. 11).

A sociedade como um todo parecia se apresentar doente. Assim, era preciso que se extirpasse o mal, ou diagnosticar e tratar os doentes passíveis de recuperação, existindo, portanto, segundo Velho (1989), "desviantes incuráveis e outros passíveis de recuperação mais ou menos rápida" (p. 11).

Desta forma, há que se tomar cuidado com a noção de desviante, pois a ideia de desvio implica a afirmação de certos comportamentos "normais ou ideais", conforme as exigências do sistema social. De acordo com o autor, a noção de desviante permanece viva ao longo da história, pois, como um modelo rígido, cristalizou-se e se integrou aos modelos educacionais, causando ruptura. Ou seja, há indivíduos que seguem as normas pré-estabelecidas e há aqueles que não conseguem. Estes que se tornam desviantes das normas sociais precisam ser contidos pelo sistema sóciocultural, uma vez que se encontram inadaptados: "O desviante é aquele que não está integrado, que não está adaptado, que não se apresenta física e/ou intelectualmente normal" e "portanto encontra-se à parte das regras e das normas" (VELHO, 1989, p. 22, 23).

A discussão a respeito do tema "normalidade" aproxima-se do que trata das questões das normas de convivência social, e vários autores buscaram explicitar o termo. Entre os estudos mais recentes, reporto-me a Amaral (2002), que descreve os conceitos de anormalidade como divergência e desvio. Ao discutir esses termos, questiona (e depois sustenta) que a "normalidade" existe, mas sem dúvida é preciso refletir sobre os parâmetros que a definem. Aponta três critérios que designam "divergência e desvio". São eles: o estatístico, o estrutural/funcional e o ideológico que ressalta o "tipo ideal" (Idem, 2002).

O estatístico indica a média ou certo valor de distribuição, e a moda ou a frequência em uma curva que possa ser usada legitimamente, para dar conta da especificidade que se deseja discutir.

O critério estrutural/funcional, que avalia a eficiência da funcionalidade, definindo a normalidade e, em contrapartida, o desvio faz uma categorização impregnada de crenças e valores, pois, depende de outras contingências também impregnadas de caráter político, econômico, religioso e científico.

No terceiro critério, descreve-se uma articulação perversa entre as categorias que observam o indivíduo em sua eficiência ou normalidade e os desviantes desta, que corresponderiam aos que fogem do padrão. O grupo tido como do "tipo ideal" é construído pela ideologia dominante. Segundo Amaral (2002), apresenta-se em nosso contexto como tipo ideal: um ser jovem, do gênero masculino, branco, cristão, heterossexual, física e mentalmente perfeito e produtivo. É sob essa visão que se problematiza a normalidade. Desvio, portanto, seria a "diferença significativa": ser velho, ser mulher, ser doente mental. E ser deficiente mental significa ser anormal.

Amaral (2002) considera que é fundamental que se percebam os indivíduos deficientes em sua diversidade, livres das situações que os restringem devido às suas patologias:

> Se abstrairmos ou mesmo desconstruirmos a conotação pejorativa das palavras anormal, divergente, desviante, e pensarmos com seriedade nos parâmetros que as produzem, podemos então nos debruçar, sobre uma outra forma de constelação: a da diversidade significativa, livre de conotações patológicas, sejam elas de caráter individual ou social (Idem, p. 237).

Quando a diversidade não é considerada, concretizam-se ações "discriminatórias e estigmatizadoras", criando-se barreiras atitudinais. Essas ações ou comportamentos discriminatórios dirigem-se a um alvo específico, constituído por pessoas ou grupos de pessoas que se apresentam diferentes ou divergentes.

De acordo com Amaral (2002), tais discriminações se concretizam em relações interpessoais mediadas por estereótipos, que funcionam "como biombos entre os diversos atores da situação". Ao considerar as situações estereotipadas, nota-se que elas se formam a partir de relações familiares e sociais aprendidas e apreendidas ou advindas dos meios de comunicação, e que predefinem os comportamentos da pessoa: "*o outro é assim, sente assim, pensa assim, age assim [...] E esse, assim, é uma camisa de força com a qual envolvemos nosso interlocutor e, dialeticamente, a nós mesmos*" (Idem, p. 238).

Nesse envolvimento, constituem-se os preconceitos que são entendidos, por Amaral, como configurações psíquicas consteladas de forma independente de experiências diretas entre as pessoas, cujo princípio baseia-se em fatores individuais e sociais, em um misto de emoções e medo, que se configura em atitudes ou em predisposições psíquicas para reagir diante de cada pessoa, grupo ou fenômeno. Ao se abordar as atitudes que são favoráveis e desfavoráveis aos indivíduos, que dependendo da situação existente e das emoções e mensagens culturais em que se estabelece certa elaboração mental, percebem-se os preconceitos que nas relações serão concretizados em estereótipos.

Amaral (2002) defende as proposições de Goffman (1982) sobre a ideia de que o estigma pode ser pensado como rótulo, que é dado por uma pessoa ou grupos de pessoas a uma outra pessoa ou grupo. Essa forma de rotular encontra-se imbricada por preconceitos/ estereótipos e, dessa forma, o estigma só existe e se manifesta nas interações humanas. "O estigma não está referido a determinadas características [...], mas, sim, à leitura social que delas é feita no contexto das relações interpessoais" (Idem, 2002, p.238).

Compõem-se, então, as barreiras atitudinais, das quais surge a comparação com sujeitos ditos do "tipo ideal", também denominados de normais. Nessa relação mista há uma comparação entre os que se aproximam dele e os que se afastam, mas nele se veem refletidos em um espelhamento perverso no qual se cristalizam os estigmas. Esse complexo de preconceitos, atitudes e estigmas, ao se cristalizar, estabelece o coroamento em um "perverso jogo relacional, alimentado e perpetuado nos contextos sociais como o nosso", segundo Amaral (2002).

Nas relações "mistas" ou contatos mistos, segundo Goffman (1988), nos momentos em que os "estigmatizados" e os "normais" estão na mesma situação social, ou seja, na presença física imediata um do outro, quer durante uma conversa, quer na mera presença simultânea em uma reunião informal, há o aparecimento de campos de força antagônicos que se caracterizam a partir dos posicionamentos pessoais que ocorrem entre o estigmatizador e o estigmatizado. Nesse quadro, quando advém o estigma, há também a "desumanização" daquele que recebe a ação, enquanto àquele que estigmatiza cabe ressaltar o erro e as falhas do outro.

Em geral, de acordo com Goffman, os indivíduos deficientes são protegidos em seu círculo doméstico. Assim, frequentemente se assinala o ingresso na escola pública como a ocasião para a aprendizagem do estigma, experiência que, às vezes, se produz de maneira bastante precipitada: nos primeiros dias de aula com insultos, caçoadas, ostracismo e brigas. É interessante notar que quanto maiores as "desvantagens" da criança, mais provável é que ela seja enviada para uma escola de pessoas de sua condição e que conheça mais rapidamente a opinião que o público em geral tem dela (GOFFMAN, 1988).

Devido à vinculação do indivíduo com a sua categoria estigmatizada, pode haver oscilações na identificação e participação entre os seus iguais. Haverá "ciclos de incorporação", através dos quais, ele poderá aceitar as oportunidades especiais de participação no grupo ou até mesmo rejeitá-las, depois de havê-las aceito. As oscilações poderão ter correspondência nas suas crenças sobre a natureza do próprio grupo e sobre a natureza daqueles que são "normais", por exemplo:

> a adolescência e o grupo de companheiros da escola secundária podem acarretar um declínio acentuado da identificação intragrupal e um nítido aumento na identificação com os normais (Ibidem 1988, p. 47).

É provável que no contexto social da escola se estabeleçam barreiras atitudinais que estigmatizam adolescentes com e sem deficiência. Portanto, é interessante recuperar alterações que ocorreram no campo educacional, ou evolução da concepção de deficiência mental, até o final da década de 1990, em que, na legislação brasileira, se recomenda que crianças e adolescentes com deficiência sejam incluídos em escolas do ensino regular.

1.2 Concepções educacionais sobre deficiência mental

No âmbito educacional, as concepções sobre deficiência mental se originaram a partir de estudos nas áreas da Biologia e da Psicologia. O termo "deficiência mental", segundo Mendes (1996, p. 127), "é um constructo científico ou um artifício linguístico, que tem permitido classificar ou categorizar normas particulares de grupos". Tais normas têm variado ao longo do tempo, sob influência de forças, tanto políticas quanto científicas em certo domínio cultural.

Tal conceito tem sido manipulado por forças antagônicas, existentes socialmente, quer na esfera religiosa, laica ou das políticas públicas de diferentes países. Ao mesmo tempo, torna-se cada vez mais complexo e se criam as subcategorias da deficiência mental, segundo as variáveis demográficas, sociais, etiológicas e comportamentais, sem que isto colabore para melhorar a qualidade educacional e de vida dos deficientes. Em relação à aplicação prática dos conceitos, apresentam-se contradições, ora relativas às novas descobertas e aplicações científicas, ora relativas às reivindicações de organizações representativas das pessoas com deficiência, e que têm sido solucionadas com outros "constructos" e representações, nas quais se incluem, muitas vezes, as crenças pessoais de teóricos educacionais.

Quanto aos estudos teóricos, Mendes (1996, 2001, 2002) apresenta três períodos da evolução da concepção de deficiência mental. Do nascimento do estudo sistemático ao início do século XIX; deste período até o início do século XX; da segunda metade do século XX em diante, quando se apresentam mudanças acentuadas na teoria e prática relacionadas à área de estudo.

Na primeira fase do estudo sistemático sobre a deficiência mental, destacam-se os estudos de Esquirol (1818) e Seguin (1846) que se baseiam em características anatômico-fisiológicas de adolescentes e adultos mantidos em instituições de assistência (asilos), generalizaram as incapacidades, os estigmas físicos e as dificuldades de contato social dessas pessoas, vindo a denominá-los como pertencentes ao quadro de “idiotia”. No início dessa fase, portanto, têm grande peso os dados orgânicos, déficits intelectuais e alterações de comportamento como pertencentes ao quadro das doenças definidas como incuráveis.

O quadro de “idiotia” caracterizava-se por acentuadas incapacidades de indivíduos mantidos em instituições assistenciais. Com base nos estigmas físicos e na falta de adequação social da pessoa, designava-se a categoria em que se enquadrava e que se subdividia em “idiotia e imbecilidade”. Predominava a ideia de que tal doença ocorria por hereditariedade orgânica, o que justificava as esterilizações e a segregação, em asilos, daquelas pessoas consideradas doentes, bem como havia um controle social para se evitar a degenerescência de casos patológicos que se desviavam das normas sociais ou da normalidade.

A pedagogia de Itard, de Seguin e, ao final do século XIX, a de Montessori recomendavam o treino sensorial e o uso do movimento corporal para restaurar as funções neurológicas dos indivíduos relacionados como idiotas, evidenciando mudanças de concepção e a necessidade de novos critérios para colocação das pessoas em ambientes educacionais. Confirmando os estudos de Mendes, Januzzi (1992) e Mazzotta (1993, 1996) também abordam esse período evolutivo.

No século XIX, de acordo com Januzzi (1992), é possível constatar-se uma tendência social caracterizada pela preocupação em estabelecer bases científicas quanto à deficiência. Neste intuito, o médico francês Jean Marc Itard investiga a possibilidade da educação de "idiotas", dedicando-se, durante quatro anos, ao estudo de um menino selvagem capturado em uma floresta no sul da França. Os resultados do estudo foram apresentados ao Ministro do Interior da França, sob forma de relatório, no qual Itard exemplifica as dificuldades e progressos ocorridos com o aluno, concluindo que os progressos e o desenvolvimento apresentados deviam-se às experiências e ao processo de educação que lhe era proporcionado.

Tais experiências constam do primeiro manual da educação de retardados, sob o título *L'Education d'un Homme Sauvage*, publicado em1807, por ordem do governo francês, e do qual foram extraídos os comentários, em que o autor se reporta à educação, e afirma;

> 2 – que, por consequência de longa inação, as faculdades intelectuais se desenvolvem de uma maneira lenta e penosa; e que esse desenvolvimento que nas crianças educadas na civilização, é fruto natural do tempo e das circunstâncias, é aqui o resultado lento e laborioso de uma educação totalmente atuante, cujos meios mais poderosos são usados para obter os menores efeitos; 3 – que as faculdades afetivas, que saem com a mesma lentidão de seu longo entorpecimento, acham-se subordinadas, em sua aplicação, a um profundo sentimento de egoísmo, e que a puberdade, em vez de ter-lhe impresso um grande movimento de expansão, parece só ter pronunciado fortemente para provar que, se existe no homem uma relação entre as necessidades de seus sentidos e as afeições de seu coração, essa concordância simpática é, como a maioria das paixões grandes e generosas, o feliz fruto de sua educação (GALVÃO, 2000, p. 227, 228).

No relatório, são esboçadas as concepções e as observações de Itard, no decorrer de sua experiência, com aquele que foi considerado uma criança selvagem, assim como suas dificuldades e seus progressos em educá-lo para a convivência em sociedade. Os estudos de Itard, consoante as informações de Mazzotta (1996), serão aprimorados e expandidos, no final do século XIX, pela médica italiana Maria Montessori que desenvolve um programa de treinamento destinado aos retardados mentais. Referindo-se à sua experiência, não somente nos internatos de Roma, mas nos de vários países da Europa, ela enfatiza a possibilidade de uma "autoeducação", definindo materiais didáticos e regras consideradas adequadas tanto a crianças em idade pré-escolar quanto para crianças deficientes mentais treináveis.

Montessori concebeu um material em que a educação partia da experiência sensorial da criança, evoluindo do concreto para o abstrato, de modo a garantir o desenvolvimento intelectual através de exercícios que levavam em conta o ritmo de cada uma, dando oportunidades àquelas com dificuldades ou deficiências para participarem ativamente. Montessori se preocupou com o desenvolvimento psicológico das crianças em suas diferentes faixas etárias, assim como com os conhecimentos a serem adquiridos. O conhecimento seria aplicado, de forma mais adequada, segundo Montessori (2003), quando houvesse uma ânsia em busca do saber, visto que,

> A mente da criança – comparando-se a um campo fértil – está pronta para receber o que será plantado culturalmente, mas se negligenciada, tornar-se-á embotada artificialmente, ficando, desse momento para frente, resistente ao conhecimento transmitido (Idem, p. 11).

Ao se referir ao interesse da criança, Montessori (2003) afirma que "o interesse tampouco estará presente se a semeadura for tardia", pois se preocupava, então, com as condições de vida e de saúde dos alunos e, de acordo com suas observações, faz-se necessário registrar quaisquer aberrações que possam ocorrer em relação à transformação pela qual as crianças devem passar ao longo de sua vida. Tais registros podem indicar anormalidades.

Descreve, como anormal, a taxa de mortalidade ocorrida com crianças no decorrer do primeiro ano de vida e, ao mesmo tempo, estende sua preocupação para com os alunos entre os doze e dezoito anos de idade, pela predisposição a doenças. Esse fato deveria, segundo ela, preocupar a todos os professores, pois se trata de um período de fragilidades, e suas consequências, se desfavoráveis, podem interferir na vida adulta. Em sua formação, ela recebe forte influência das ideias de Lombroso, psiquiatra clínico, que se dedicou ao estudo das anomalias hereditárias; porém, após sua convivência com os alunos órfãos e deficientes, altera seus princípios e aceita a influência do meio social sobre a formação dessas pessoas, considerando que:

> As condições sociais atuam no corpo e na mente, e o indivíduo se torna anormal [...] Certas deformidades físicas são comprovadamente comuns em qualquer classe social [...] Nota-se também que, o maior número de pessoas com má-formação está entre os insanos, os quais raramente herdam geneticamente a insanidade (MONTESSORI, 2003, p. 117, 118).

Os comentários de Montessori referem-se ao desenvolvimento das crianças e dos adolescentes que se encontravam nos asilos de origem religiosa, porém sua concepção deixa de ser mística para indicar a necessidade de criar condições saudáveis de vida para essas pessoas. Seu método destaca-se em dois pontos: o peso de fatores hereditários e a força das condições ambientais, tornando-se célebre sua citação: "Nós reivindicamos que as escolas devam ser instituições que auxiliem a beleza, porque a beleza é uma indicação de condições saudáveis de vida" (Ibidem, 2003, p. 116).

A antropologia pedagógica, proposta por Montessori, evidencia o que Mendes (1996) considera como a segunda fase dos estudos sobre a deficiência, quando ocorre a expansão do objeto de estudo na área da deficiência mental, ao final do século XIX. Nesse momento destaca-se, então, a percepção relacionada aos hábitos comportamentais oriundos de uma inteligência subnormal. Nessa fase, para fins acadêmicos de colocação dessas pessoas na escola e com a finalidade de avaliação da incapacidade dos considerados retardados mentais (que apresentam uma interrupção precoce do desenvolvimento das capacidades intelectuais), instituem-se as classes especiais nas escolas públicas.

Outro ponto de destaque dessa fase é a visão métrica da inteligência, auferida através de testes, que atendem à Escala Métrica de Inteligência, criada por Simon e Binet em 1905, que irá atribuir um déficit intelectual à denominada "debilidade mental". Nesse período, estuda-se a encefalopatia infantil, como forma etiológica da origem do retardamento e da debilidade mental. A essa doença associam-se graus de desvio intelectual, baseados na ausência de capacidade intelectual e na presença de aberrações comportamentais.

Segundo os testes psicométricos propostos por Binet (1905), os deficientes mentais foram classificados em: Idiotas, com quociente intelectual (QI) entre 0 e 25; Imbecis, entre 25 e 50; e Débeis mentais entre 50 e 75. Na realidade, constata-se, principalmente para as formas de retardamento mental leve, uma acentuada instabilidade do quociente intelectual, que se altera e parece depender das modificações biológicas da criança, de sua evolução afetiva e do contexto sociocultural no qual ela se desenvolve (DORON; PAROT, 1991, 2000).

Tais informações também foram desenvolvidas e são salientadas nos estudos de Mendes (1966, 2001, 2002) como utilizadas no século XX, para processos de classificação de alunos débeis mentais, mantidos nas classes escolares destinadas aos anormais. Nesse sentido, no Estado de São Paulo, segundo Mazzotta (1993), é criada em 1917 a "primeira escola de anormais", na Capital; porém, a referida escola não chega a ser instalada. Em 1933, sob inspiração dos ideais dos "*Pioneiros da Escola Nova*", é instituído o Código Paulista de Educação que regulamenta a educação primária, a educação infantil e traça diretrizes sobre a "*educação especial*", no contexto da educação pública no Estado de São Paulo. Neste código são designadas as funções dos professores, suas responsabilidades, direitos e deveres.

De acordo com o autor, ainda na década de 1930, foram instaladas duas classes para "débeis mentais" na capital paulista e criada a "Secção de Higiene Mental Escolar" que recebeu, entre outras atribuições, a de "organizar a assistência médico-pedagógica aos débeis mentais e promover a preparação e aperfeiçoamento de pessoal especializado" (Idem, 1993, p. 4).

Entre 1930 e 1940, situa-se a terceira fase ou período contemporâneo da evolução do conceito de deficiência mental, apontado por Mendes (1996). Nesse contexto, muitos casos de deficiência são questionados, uma vez que não era possível identificar fatores orgânicos de patologias consideradas incuráveis e o teste psicométrico não fornecia tais informações sobre os deficientes nem respeitava os processos cognitivos de construção de sua aprendizagem. Nesse caso, havia um distanciamento entre os níveis de desenvolvimento potencial e social dos alunos, para que fossem classificados pedagogicamente como deficientes.

Ao final da década de 1950, as definições publicadas nos manuais da Associação Americana de Deficiência Mental (AAMR) são amplamente difundidas, surgem modificações na definição e no sistema de diagnóstico e classificação dos deficientes mentais, consideram-se também as situações socioeducacionais do comportamento dos indivíduos. Heber (1959, 1961) revê a etiologia orgânica e a incurabilidade e se refere à deficiência como algo presente no funcionamento adaptativo do sujeito. Adotam-se as classificações de: deficiência mental limítrofe, leve, moderada, severa e profunda. Segundo Mendes,

> Heber foi o primeiro a incluir uma definição sócio-educacional e classificação comportamental, além das tradicionais classificações etiológicas. Ele manteve o critério psicométrico (estabelecendo um QI de aproximadamente 84 ou equivalente a um desvio padrão da média), associado ao déficit no comportamento adaptativo e estabeleceu ainda que o aparecimento do problema devia se evidenciar no período de desenvolvimento, estipulado do nascimento até os 16 anos de idade (*apud* MENDES, 1996, p. 124).

Alguns problemas relativos à aplicação dessa definição de deficiência mental foram apontados por Mendes (1996), entre eles, a supervalorização do conceito de quociente intelectual, problemas na utilização de procedimentos de diagnóstico e questões legais, envolvendo classificações e colocações inadequadas de alunos em escolas especializadas. Dada a falta de adequação, os alunos com deficiência mental leve, segundo Mendes (1996), tornaram-se sérios problemas para a escola regular, pois eram "aprendizes ineficientes", exigindo-se, portanto, mudanças no critério conceptual. As mudanças diziam respeito às controvérsias sobre a existência de "privação cultural" e à rotulação, ou não, dessas pessoas como deficientes mentais.

Ao final da década de 1950 e início de 1960, são criadas, no Estado de São Paulo, classes para atendimento de alunos deficientes auditivos, físicos, visuais e mentais, instalados os cursos oficiais para especialização de professores e criados, nos órgãos centrais, setores próprios para a orientação dessa área da educação. Estabeleceram-se diretrizes e normas para várias áreas da "excepcionalidade", com a criação do Serviço de Educação Especial, subordinado, a partir de 1966, ao Departamento de Educação (MAZZOTTA, 1993, p. 4, 5).

Da situação de total falta de atendimento, por parte da sociedade, as crianças e adolescentes com deficiência passaram a receber a partir da década de 60, um atendimento assistencial e filantrópico, antes de serem incluídos como clientela da educação escolar. Marcados por ações de sentido humanitário, organizaram-se alguns serviços de atendimento a tais pessoas, especialmente àquelas que possuíam deficiência física ou mental. Gradativamente, a capacidade de desenvolvimento e possibilidade de aprendizagem, com base na mudança de comportamento, leva a sociedade a organizar serviços de reabilitação, educação e assistência, criando-se as classes especiais e as escolas especiais, apoiadas no desenvolvimento científico e tecnológico e no contexto educacional geral.

Nesse período, a Psicologia, marcada pela abordagem comportamental, inclui várias possibilidades para o ensino de habilidades aos indivíduos com deficiência moderada e profunda, enquanto que a abordagem cognitivista destaca procedimentos relacionados às habilidades acadêmicas. Dadas as divergências entre essas abordagens, as pessoas deficientes mentais são classificadas, a partir da década de 1970, como: *educáveis, treináveis e dependentes*.

A abordagem comportamental, de acordo com Mendes (1996), influencia nas décadas de 1970 a 1980, as definições e classificações dos alunos considerados deficientes mentais leves; embora ainda fosse difícil avaliar os comportamentos adaptativos desses sujeitos, através de testes.

A condição de segregação passou a ser vista como condição de marginalização e discriminação social dos deficientes e, em especial, dos deficientes mentais que se encontravam em desvantagem em relação aos demais sujeitos. Exigia-se a integração dos portadores dessa condição em locais menos restritos, instaurando-se a necessidade da filosofia de normalização ao final da década de 1960. Segundo a filosofia da normalização, as pessoas com deficiência possuem o mesmo direito a participar de atividades sociais e de escolarização que as demais, e sempre que possível devem ser integradas aos ambientes.

Com base nas definições e nas alterações efetuadas em décadas anteriores, segundo Mendes (2002), destacam-se as dificuldades em classificar os problemas adaptativos e fazer a avaliação adaptativa do comportamento. Nesse sentido, em 1992, a Associação Americana de Deficiência Mental publica um novo manual sobre a deficiência mental, introduzindo mudanças que caracterizam a importância do ambiente no funcionamento do portador de deficiência mental, fixando-se uma nova definição de deficiência ou retardo mental:

> Retardo mental refere-se às limitações substanciais no desenvolvimento atual. Caracterizando-se por um desempenho intelectual, consideravelmente abaixo da média, existindo concomitantemente com outras limitações em duas ou mais das seguintes áreas de comportamentos adaptativos: comunicação, cuidados pessoais, habilidades domésticas, competências sociais, desempenho na comunidade, autosuficiência, saúde e segurança, desempenho acadêmico mínimo, lazer e trabalho. O retardo mental manifesta-se antes dos 18 anos (AAMR, 1992).

Embora tal definição tenha ampliado as oportunidades de participação da pessoa com deficiência, os comportamentos adaptativos que se referem aos cuidados pessoais, desempenho acadêmico, autossuficiência e competências sociais requerem que esse indivíduo seja aceito socialmente, quer por sua família, pelos demais grupos sociais e em especial pela escola, que deverá apoiá-lo e estimulá-lo a comunicar-se publicamente. Ao intervir em suas atitudes e habilidades, a escola cria oportunidades para que aprenda e se desenvolva, o que, certamente, não ocorreria se esse indivíduo fosse rotulado ou classificado, antes que tivesse oportunidade de escolarização, lazer e trabalho como as pessoas sem deficiência.

Nesse caso, a deficiência mental embora ainda tenha problemas de definição e falhas em seus instrumentos de classificação, não pode ser considerada como algo inscrito no sujeito passível de exames, mas, "trata-se de uma condição auferida a partir do funcionamento do sujeito na sociedade e, particularmente, na relação deste com o ambiente onde tenha oportunidades de se desenvolver" (MENDES, 1996, p. 128).

Na área educacional, para que essas oportunidades de desenvolvimento ocorram, há interações que, provavelmente, incidem sobre as relações da pessoa deficiente mental. Essas deverão ser mediadas pelos educadores em atividades escolares comuns tanto às pessoas com deficiência como àquelas sem deficiência, são as recomendações mais atuais.

Na tentativa de observar de que modo o funcionamento do indivíduo é estudado em seu processo de interação, busco algumas dessas explicações na corrente Cognitivista Interacionista, que dá novos direcionamentos para esse campo de estudo.

1.3 Concepção sociointeracionista de deficiência mental

A evolução do conceito de deficiência, na década de 1990, exigiu a introdução de mudanças que caracterizaram a importância do ambiente no funcionamento do portador de deficiência mental, sendo necessário reunir e desenvolver novos conhecimentos a esse respeito.

É pertinente, neste momento, considerar o debate promovido por Lev Semenovitch Vygotsky (1896-1934), que na década de 1920-1930 apresentou ao Instituto de Psicologia da Universidade de Moscou estudos sobre a deficiência. Tais estudos, por razões sociopolíticas, foram divulgados, no Ocidente, apenas em meados da década de 1980/90, e reunidos, posteriormente em Moscou, para publicação em suas *Obras Escogidas*. No volume V, "Defectologia" , aborda aspectos cruciais sobre as deficiências, em que foram discutidas as condições de educação e possibilidades do ensino e aprendizagem das pessoas deficientes.

Ao reunir conhecimentos sobre o funcionamento cognitivo dessas pessoas, faz-se necessário discutir a questão do potencial de desenvolvimento, o que requer que se aborde, na Psicologia, a concepção interacionista sobre o indivíduo e o meio ambiente com o qual interage, abordando-se a concepção de Vygotsky, com ênfase no sujeito sócio-histórico. Observando-se a importância que este estudioso atribui à dimensão sócio-histórica do funcionamento psicológico e à interação social na construção do ser humano, o "processo de aprendizagem" é igualmente central em sua concepção sobre o homem.

Ao lado da postura psicogenética que fundamenta seu interesse pelo desenvolvimento, sua abordagem específica sobre tal desenvolvimento, leva em conta a inserção do homem em um ambiente histórico e cultural, o qual dá base para o processo de aprendizagem (OLIVEIRA, 2002). Nessa abordagem, a aprendizagem está relacionada ao desenvolvimento humano desde o início de sua vida como um "aspecto necessário e universal do processo de desenvolvimento das funções psicológicas culturalmente organizadas e especificamente humanas" (VYGOTSKY, 1984, p. 101, *apud* OLIVEIRA, 2002).

Segundo Oliveira, o percurso de desenvolvimento do ser humano descrito por Vygotsky é, em parte, definido pelos processos de maturação do organismo individual, pertencente à espécie humana, mas é a aprendizagem que lhe possibilita o despertar dos processos internos de desenvolvimento, que não ocorreriam se não fosse seu contato com o meio cultural e social. As chamadas funções psicológicas superiores, que envolvem a *consciência, intenção, planejamento e ações voluntárias deliberadas,* dependem do "processo de aprendizagem". Portanto, diretamente relacionada à dimensão sócio-histórica do funcionamento humano está a concepção da aprendizagem como um processo que sempre inclui relações entre indivíduos.

Assim, conforme Oliveira (2002, p. 56), na construção dos processos psicológicos tipicamente humanos, é necessário postular relações interpessoais: pois a interação do sujeito com o mundo se dá pela mediação feita por outros sujeitos.

A observação do desenvolvimento das funções psicológicas superiores demonstra que a formação de cada uma delas está rigorosamente subordinada à mesma regularidade, cada função psíquica aparece duas vezes no processo de desenvolvimento,

> [...] primeiro, como função da conduta coletiva, como forma de colaboração ou interação, como meio de adaptação social, ou seja, como categoria interpsicológica, e, em segundo lugar, como modo de conduta individual da criança, como meio de adaptação pessoal, como processo interior de conduta como categoria intrapsicológica (VYGOTSKY, 1997, p. 214).

Ao discutir as relações entre a comunicação e a interação social, Vygotsky (1956) estabelece que há todo um processo entre o desenvolvimento e a aprendizagem, no qual essa hipótese pressupõe necessariamente que,

> o processo de desenvolvimento não coincide com o de aprendizagem, o processo de desenvolvimento segue-se ao de aprendizagem que cria uma zona de desenvolvimento potencial.

Afirma ainda que:

> a instrução somente é boa, quando desperta e traz à vida aquelas funções que estão em processo de maturação ou na zona de desenvolvimento proximal (VYGOTSKY, 1956, p. 278 e 451).

Segundo Marques (2001), Knox e Stevens (1993), e Van der Veer (1996), Vygotsky teria desenvolvido o conceito de Zona de Desenvolvimento Proximal a partir de sua experiência com pessoas com deficiência mental. Para Vygotsky, as crianças com deficiência mental, quando trabalhavam em grupo, construíam situações de aprendizagem diferenciadas, nas quais umas auxiliavam as outras no seu desenvolvimento. Mais tarde, esse conceito seria estendido à sua teoria ou lei genética geral do desenvolvimento e da aprendizagem.

Ao discutir a lei genética geral do desenvolvimento e da aprendizagem em Vygotsky, Carvalho (2002) afirma que, para o autor, a prática pedagógica deve ser concebida não como um campo de aplicação de fundamentos psicológicos, mas como campo e fonte de "problematização" para a pesquisa científica sobre o desenvolvimento psicológico da criança e do adolescente. Carvalho considera ainda que, segundo Vygotsky, há os efeitos da escolarização e da mediação nos processos de desenvolvimento, em uma relação de dependência, que se pode notar especialmente na constituição das funções psicológicas superiores, conforme é possível verificar em seus estudos:

> [...] Dependem da participação da criança em atividades sociais específicas – sendo essas reguladas por dispositivos culturais deliberadamente escolhidos (pelo professor) para

> promover o desenvolvimento cognitivo, na medida em que proporcionam às crianças acesso e domínio dos instrumentos de mediação (que promovem a formação das funções psicológicas superiores). Tais atitudes são as seguintes: 1) os processos de construção de conceitos científicos, 2) o processo de apropriação da linguagem escrita, cujo domínio implica operações cognitivas mais elaboradas se comparadas à linguagem verbal (CARVALHO, 2002, p. 103).

É importante, considerar que o desenvolvimento da linguagem e dos significados permite a representação da realidade e, assim, há a possibilidade de se trabalhar com a atividade no campo da consciência. Contudo, não se pode perder de vista que a origem da consciência e da linguagem está na atividade concreta dos homens, em sua vida material. Desse modo, há uma relação entre o interno e o externo, um dependente do outro. Com base nessa dependência, pode-se afirmar: o psiquismo não existe sem as relações materiais e culturais em que está imerso. Tais relações são mediadas pela linguagem, portanto, pelos símbolos que emergem das relações sociais.

Nesse caso, surge a atividade simbólica, na qual há todo um espaço potencial entre os indivíduos e os diferentes grupos com os quais se comunicam. Tal atividade simbólica cria um funcionamento interpessoal, um potencial interpsíquico e um potencial intrapsíquico que estão em jogo. O potencial intrapsíquico diz respeito a tudo que se origina e ocorre no interior da mente de um indivíduo, e o interpsíquico diz respeito à comunicação que se estabelece no grupo.

Na relação inter e intrapsíquica, toda realidade pode ser representada pelo grupo ou reconstruída em seu sistema cognitivo e integrada em seus sistemas de valores, o que permite ao indivíduo compreender a realidade a partir do lugar em que está inserido e, consequentemente, compartilhar conhecimentos.

No ato de compartilhar, a linguagem se materializa e constitui as significações no processo social e histórico. Dessa forma, ao apropriar-se dela, o homem tem acesso às significações historicamente produzidas. Esse sujeito é que dará significado às suas experiências, e estas irão constituir sua consciência, mediar sua forma de sentir, pensar e agir. A relação do sujeito com a realidade em seu processo de apropriação e construção de signos e significados, ao envolver sua forma de pensar, sentir e de agir, determina-se nas relações materiais e está diretamente relacionada à linguagem, definindo, assim, o movimento de sua consciência. Isto indica que cada sujeito, em suas relações, tem um modo individual e único que dá sentido às suas experiências, cuja essência concentra-se em um movimento dialético de comunicação cultural, em permanente transformação.

Segundo Vygotsky, o desenvolvimento do ser humano compreende processos biológicos e a imersão na cultura, da qual se destaca a individualidade construída na relação com o grupo social. Nessa relação, há todo um conjunto formado pelo legado cultural do ambiente em que os sujeitos vivem e se desenvolvem, bem como o conjunto de valores, a história de vida e as experiências do indivíduo e do grupo que cercam essas relações interpessoais.

A formação psicológica do indivíduo, em seu primeiro ano de vida, baseia-se, principalmente, na comunicação direta com adultos. Na adolescência, "entre os dez e os quinze anos, a comunicação e a interação social constitui a atividade central, sendo que os conteúdos sociais serão o cerne dessa comunicação" de modo que promovam a formação das funções psicológicas superiores (VYGOTSKY, 1989). A formação das funções psicológicas superiores depende, na escola, da mediação do professor, dado que o mesmo trabalha formalmente com a situação de estabelecimento dos conceitos científicos. A formação dos conceitos científicos tem início na infância e se amplia na adolescência, justamente quando a comunicação deveria tornar-se o objeto principal da interação entre o professor e os alunos-adolescentes em suas relações interpessoais.

As interações sociais, fruto das relações interpessoais, prestam-se tanto a fins positivos quanto negativos. Podem apresentar-se como fontes de informações verdadeiras ou preconceituosas, e envolvem interações com um ou mais parceiros e interações com a cultura.

Na proposta vygotskiana, há uma "*mediação social*" na construção dos processos mentais superiores e uma "*mediação instrumental*" quanto aos aspectos representacionais. Por exemplo, na atividade representacional simbólica que ocorre na construção verbal, em sala de aula, o professor gera um novo conhecimento capaz de modificar os processos intelectuais na construção dos processos mentais da criança. O adulto empresta à criança, externamente, através do processo de imitação efetuado por ela, uma autêntica função psicológica em uma nova construção em parceria. Não se trata de mera imitação do adulto, mas algo que permite à criança e ao adolescente exercer uma função "socializadora" através da realização de respostas que compõem outra construção verbal.

No ambiente social escolar, o conhecimento social é partilhado e mediado por alunos, seus professores e a comunidade escolar. Trata-se, segundo Vygotsky, de um "processo de ensino-aprendizagem", que inclui sempre aquele que aprende, aquele que ensina e a relação entre essas pessoas (OLIVEIRA, 2002). O conceito original de Vygotsky não se refere apenas à aprendizagem; tampouco se refere apenas ao ensino. É um processo global de relação interpessoal que envolve, ao mesmo tempo, alguém que aprende, alguém que ensina e a própria relação ensino aprendizagem. A ideia de alguém que ensina pode se concretizar em situações em que ocorram a comunicação e a organização da própria linguagem, elemento fundamental nesse processo.

A escola é o lugar, por excelência, onde o processo de ensino-aprendizagem ocorre de modo intencional. Trata-se de um local no qual os conhecimentos, historicamente acumulados pela sociedade, são transmitidos e comunicados em um processo de intervenção que determina a aprendizagem de forma diferente daquela em que a criança ou o adolescente se encontram, quando estão, informalmente, imersos na cultura de seu grupo social. Na escola, o professor é o agente pedagógico cujo papel principal é planejar e interferir no processo de ensino-aprendizagem. Essa construção é mediada pela comunicação e pela linguagem como um instrumento essencial nesse processo que permite a aprendizagem e o desenvolvimento do aluno.

O bom ensino, segundo Vygotsky, é aquele que se adianta ao desenvolvimento, o que inclui, para ele, o conceito de Zona de Desenvolvimento Proximal, um domínio em constante transformação e que já se apresenta, embrionariamente, no indivíduo. Como processo, o desenvolvimento proximal ocorre "de fora para dentro", por meio da "internalização" de processos psicológicos que dependem do meio cultural e das práticas sociais para se desenvolver.

Vygotsky propõe mudanças no processo de comunicação feito pela escola, cujos procedimentos deveriam fornecer pistas, instruções, demonstrações, assistindo às necessidades do aluno, o que significa intervir no processo de construção do conhecimento. Tais intervenções requerem mudanças essenciais na mediação e, portanto, no desenvolvimento das funções ou capacidades mentais superiores, fornecendo, ao indivíduo, instrumental para interagir ativamente com o sistema de leitura e escrita e com o conhecimento acumulado pelas disciplinas científicas. Nesse campo, as conquistas do modo de construir conhecimentos se potencializam e dão base aos processos psíquicos que formam a personalidade. Para Vygotsky, personalidade trata-se da "totalidade do psiquismo, resultado da evolução integrada de atividades e capacidades de representações" (VYGOTSKY, *apud* ELKONIN, 1998, p. 150).

No processo de formação e desenvolvimento intelectual do adolescente, a formação de conceitos é fundamental para a capacidade de abstração e aprendizagens futuras em uma intensa atividade mental, proporcionando o que Vygotsky (1987) descreve como próximas às formas de atividade intelectual típica do adulto em um complexo e longo processo psicológico superior:

> Este desenvolvimento dos processos, que resultam na formação de conceitos, começa na fase mais precoce da infância, mas as funções intelectuais que numa combinação específica, forma a base psicológica do processo de formação de conceitos amadurece, se configura e se desenvolve somente na puberdade (VYGOTSKY, 1987, p. 50).

Nesse período, as tarefas que o meio social coloca para o adolescente, as necessidades que cria e fomenta e os objetivos que lhe sugere, o estimulam a dar o passo decisivo no desenvolvimento de seu pensamento.

Vygotsky (1987) evidencia que o ensino escolar desempenha um importante papel na formação de conceitos em geral e, em especial, naqueles que possibilitarão ao indivíduo ter acesso ao conhecimento científico historicamente produzido pela humanidade. O pensamento conceptual é uma conquista que depende da mediação do professor, sendo que o referido autor ressalta que "se o meio ambiente não desafiar, exigir e estimular o intelecto do adolescente, esse processo poderá se atrasar ou mesmo não se completar", não chegando aos estágios mais elevados que envolvem as operações intelectuais mais amplas do raciocínio e da resolução de problemas.

Nesse aspecto, apresentam-se grandes desafios para o professor que trabalha no âmbito escolar com adolescentes, com dificuldades objetivas de comunicação, dada sua condição de pessoa com deficiência e sobretudo as com deficiência mental, o que busco compreender a partir dos estudos de Vygotsky. Este autor, ao descrever as deficiências, de modo geral, situa o leitor quanto aos diferentes aspectos da deficiência física, auditiva, visual e mental e argumenta que as escolas têm privilegiado ações pedagógicas que se reduzem ao quadro orgânico da deficiência, ao desconsiderar a importância do desenvolvimento dos aspectos socioculturais do funcionamento psíquico desses indivíduos. Tal crítica diz respeito ao modo de organização das ações pedagógicas, em que se buscam adaptações à deficiência, com exercícios somente no nível do treinamento das funções sensoriais e motoras (VYGOTSKY, 1997).

Assim, segundo a concepção crítica de Vygotsky (1977), tanto psicológica como pedagogicamente, o problema da deficiência é representado em um plano grosseiramente físico, pois, ao estilo da medicina, a deficiência física é estudada e compensada como tal; a cegueira implica simplesmente a falta de visão; a surdez, a falta de audição. Como se tratasse de um cão cego ou um animal surdo, segundo o autor, às vezes, perde-se de vista a diferença imbuída do aspecto social entre o animal e o defeito orgânico em indivíduos humanos,

> [...] porque, o olho ou ouvido perdido de um ser humano não são somente seus órgãos físicos, são também órgãos sociais, porque entre o homem e o mundo estão os meios sociais; o meio social que refuta e orienta tudo o que o homem faz no mundo e o que o mundo faz ao homem (Vol. V, da Defectologia, p. 79).

Nesse debate, configura-se que, no homem, não existe uma comunicação pura, "associal" e direta com o mundo. A carência de visão ou audição implica, e antes de tudo, representa um comprometimento das funções sociais relacionadas à comunicação, que envolvem a degeneração dos vínculos e, no caso dos deficientes mentais, produzem uma alteração de conduta social das pessoas. Para Vygotsky,

> [...] é preciso tratar e compreender o problema da deficiência na psicologia e na pedagogia, como um problema social, porque o momento social, anteriormente não observado, considerado como comum, como secundário, na realidade será fundamental e prioritário. E se deve considerá-lo como principal " (Idem, p. 77).

Em contextos interacionais menos favoráveis como o da educação de crianças física e mentalmente deficientes, Vygotsky demonstrou que mudanças nos procedimentos podem ter profundas consequências para o processo de desenvolvimento. Ele percebia que elas deveriam ser estimuladas a interagir amplamente, ao invés de serem educadas apenas em contato com outras crianças na mesma situação. Por exemplo, quando crianças mentalmente retardadas fossem educadas separadamente de crianças "normais", seu desenvolvimento procederia de maneira totalmente diferente e não benéfica, o que levaria, inevitavelmente, à criação de um tipo de pessoas especiais, principalmente quando as crianças fossem rotuladas (VYGOTSKY, 1997): "Uma vez marcada como idiota ou incapacitada a criança é colocada em circunstâncias sociais completamente novas, e todo seu desenvolvimento segue uma direção toda nova" (Ibidem, p. 153).

A fim de determinar a natureza e o caminho do desenvolvimento, é essencial observar-se o ambiente social no qual o desenvolvimento ocorre e o tipo de instrução utilizada. Vygotsky faz um alerta sobre as compensações que ocorrem com os seres humanos, havendo no caso da deficiência física, da cegueira e da surdez uma questão social, que deve ser tratada como tal, pois se uma deficiência corporal pode significar tanto quanto uma luxação social, do ponto de vista pedagógico é preciso educar um jovem ou uma criança, inserindo-o socialmente na vida, da mesma forma que se conserta um órgão luxado ou doente. O autor afirma que:

> [...] as representações que os cegos têm sobre o mundo não estão isentas da realidade objetiva; o mundo não se revela ao cego através de uma névoa ou um véu. O denominado sexto sentido (térmico) que os cegos têm, lhes permite notar à distância dos objetos e o sétimo sentido (vibratório) nos surdos-mudos, lhes permite captar os movimentos, a música, etc., e desde logo não representam, por si só, nada de novo para a psique normal, se não que se tratam de sensações levadas à perfeição, que existem também nas

> crianças normais. Não temos levado em conta que em absoluto os cegos desenvolvem orgânica e naturalmente as possibilidades quase milagrosas do tato [...] e nem sequer podemos imaginar que papel essencial podem desempenhar estes sentidos nos processos de conhecimento do mundo (Ibidem, p. 79).

A educação e a utilização das sensações e dos sentidos remanescentes podem compensar aqueles que se apresentam incompletos para a formação das funções psicológicas superiores e para os processos de construção do conhecimento. Porém, é o contato social que permitirá ao indivíduo adquirir formas de conduta, que se opõem à deficiência (defeito) em suas tentativas para vencer as dificuldades, que se apresentam em um sistema de reações adaptativas ao meio e se manifestam nos vínculos sociais que consegue estabelecer.

Muitas vezes, segundo o autor, a inteligência prática da pessoa com deficiência mental se sobrepõe ao pensamento abstrato. Em lugar de se definir, de modo geral, a debilidade mental, cabe estabelecer uma nova questão: "como a própria pessoa age para combater esse fenômeno e qual o caminho que a escola deve percorrer para lutar contra as insuficiências que se apresentam?" (VYGOTSKY, 1997, p. 163).

Esclarecer o fato, através de uma investigação científica, constitui parte da resposta dada por Vygotsky à questão, porém ele acrescenta alguns dados sobre a abstração e os fenômenos dela derivados. Ele argumenta, por exemplo, que se os débeis mentais têm dificuldades de elaboração do pensamento abstrato, e se sabemos que eles desenvolvem de forma direta a percepção visual de forma mais adequada, caberia à Pedagogia desenvolver os pensamentos abstratos, formando-os a partir de conceitos sociais que, necessariamente, teriam como base material o contato visual direto.

Nesse caso, os problemas de educação das pessoas deficientes poderiam se resolver como problemas sociais. A educação social da pessoa deficiente, baseada na compensação social de sua deficiência, permitirá a ela viver em um ambiente comum, de modo natural, conforme adverte o próprio autor. A educação especial, não foi negada por ele, mas, ao seu ver, ela deve estar subordinada à social, como sua componente:

> Não negamos a necessidade de uma educação e ensinos especiais às crianças deficientes. Pelo contrário, afirmamos que o ensino de uma leitura aos cegos e de uma linguagem aos surdos-mudos demanda uma técnica pedagógica especial e recursos e métodos especiais àqueles que são deficientes. Mas, só um conhecimento científico da técnica pode formar um autêntico pedagogo neste terreno. Entretanto, não devemos duvidar que é preciso educar não a um cego, mas antes de tudo uma criança (Ibidem, p. 81).

Observa-se que a ideia da compensação social, com base em conhecimentos científicos sem conotação assistencialista, constitui um importante fator dos estudos de Vygotsky sobre a deficiência. Porém, sua concepção de desenvolvimento humano como um processo social visa a educar com base numa compensação, de modo que se possibilite à pessoa deficiente a superação e não a cura da deficiência, através de alternativas que considerem o desenvolvimento da personalidade como um todo, utilizando outros estímulos provenientes do meio ambiente.

A escola especial, segundo Vygotsky, cria uma ruptura do contato com o ambiente normal, cria um ranço de regime hospitalar, o que alimenta o "defeito", e não permite a superação das dificuldades que se encontram no ambiente comum, o que impede a inserção do indivíduo na sociedade. Vygotsky apresenta a tese de que certos elementos da educação especial devem introduzir-se na escola comum, mas, como princípio, seria criado um sistema combinado de educação especial e comum a fim de vencer o aspecto antissocial da escola especial. Reivindica a tese da instrução comum às crianças normais e anormais, para depois se considerar a antítese da instrução especial.

O reconhecimento de leis comuns, que regem tanto o desenvolvimento da criança normal quanto da que apresenta patologias, é a pedra angular de todo estudo comparativo. Quando se apresenta um desenvolvimento atípico, que se desvia da norma, que se apresenta irregular, e se realiza dentro de um conjunto de condições completamente distinto, essas mesmas irregularidades adquirem uma manifestação peculiar, que não são, segundo as palavras do autor, como uma simples cópia fotográfica do desenvolvimento infantil. Deve-se, por isso, partir do desenvolvimento comum para depois estudar as peculiaridades referentes a essa criança anormal. Vygotsky (1997) reafirma que, o que interessa é que a tese fundamental pode ser formulada da seguinte forma: "a investigação das funções psíquicas superiores, no processo de seu desenvolvimento, nos convence que estas funções têm uma origem social" (Ibidem, 1997, p. 213).

Segundo o ponto de vista do autor, é na vida social e de forma coletiva que a criança e também o adolescente encontram o material para a formação de suas funções internas. Surge, assim, o processo de desenvolvimento compensatório. Dessa forma, as dificuldades objetivas que os indivíduos encontram nas suas vivências são os elementos responsáveis pelo processo que lhes permitirá, junto a parceiros mais experientes, ampliar o desenvolvimento da Zona Proximal, chegando à resolução de problemas e à participação social junto aos demais. Portanto, é de suma importância que se possa compreender o pressuposto de que "as leis que regem o desenvolvimento da criança com deficiência mental são as mesmas que regem o desenvolvimento das crianças normais" (VYGOTSKY, Ibidem, 1997, p. 213).

De acordo com Vygotsky, o desenvolvimento do deficiente mental deve ser compreendido mediante as implicações dos aspectos socioculturais e emocionais em sua constituição. Para ele, as dificuldades de se estudar o desenvolvimento dessas pessoas decorre do fato de sua deficiência ser tratada como defeito (doença) e não como um processo. Ele argumenta que os sintomas não podem ser colocados todos em um mesmo nível. Para entender a deficiência mental, é preciso recorrer ao desenvolvimento e não aos processos patológicos que constituem sua base primária. Afirma, ainda, que as regularidades orgânicas serão substituídas ou transformadas pela formação de novas funções. Nesse caso, o que é orgânico e causa os distúrbios não deixará de existir, mas será ultrapassado por funções qualitativas diferentes que têm sua origem nas vivências sociais da criança (VYGOTSKY, 1989).

Na interação dessas pessoas com seu meio social, elas enfrentam diferentes situações, sendo estimuladas à necessidade de compensar sua deficiência. Nessas situações, "os vínculos" são as formas de relação que tais pessoas estabelecem entre as funções que caracterizam seu funcionamento psíquico e a função adaptativa. Nessa visão, a educação é concebida para auxiliar a pessoa a interagir com outras, na busca da resolução de problemas da vida cotidiana, de modo que atenda às suas necessidades, desigualdades culturais, sociais ou de constituição de vínculos. Esses vínculos melhoram o relacionamento interpessoal, o que parece, ainda, não ter sido compreendido e nem ensinado no âmbito da escola.

No estudo da *"defectologia", Vygotsky apresenta uma questão fundamental, intrigante: "por que as funções superiores se desenvolvem de maneira incompleta na criança com atraso mental?"* (1997, p. 223). Ao apresentar a resposta, exemplifica que é possível que a pessoa desenvolva suas funções superiores, mas, quando a mesma se apresenta incompleta, trata-se de uma subestrutura secundária sobre o defeito ou a deficiência. O desenvolvimento incompleto pode derivar do afastamento da criança da participação em coletividade. Nesse caso, aparecem particularidades que criam obstáculos à existência de uma comunicação coletiva normal, de colaboração e de interação dessa criança com as pessoas que a rodeiam. Assim,

> A separação da coletividade e a dificuldade de desenvolvimento social, por sua vez, determinam o desenvolvimento incompleto das funções psíquicas superiores, as quais, quando são normais no curso das coisas, surgem diretamente em relação com o desenvolvimento da atividade coletiva da criança (Idem, 1997, p. 223).

Segundo o autor, através da educação, está, em nossas mãos, uma possibilidade de eliminar uma das causas imediatas do desenvolvimento incompleto das funções superiores. Desse modo, através de uma pedagogia educativa concreta capaz de exercer influências sobre os indivíduos, ele propõe, em primeiro plano, a realização de atividades coletivas e sua consequente aplicação às pessoas com atraso mental, que desenvolverão de forma colaborativa, primeiro a função da conduta coletiva, como forma de interação, e, depois, a conduta individual.

Em uma de suas teses, também faz uma crítica à prática pedagógica que visa à seleção de grupos de alunos, bem como a colocação dos mesmos em classes escolares, segundo o mesmo nível de desenvolvimento mental:

> Supõe-se que as crianças com o mesmo nível mental de atraso formam as melhores coletividades. A investigação mostra que, se as deixarmos livres, as crianças atrasadas nunca se agrupam segundo esta lei. Mas exatamente sempre a infringem (idem, p. 224).

Ao considerar tal afirmação, retomo meu interesse sobre os alunos-adolescentes que, em seu processo de aprendizagem, muitas vezes, foram selecionados e colocados em classes exclusivas para alunos com deficiência mental, mantidos de forma segregada e distantes de outros alunos que não apresentavam atraso mental. Esse fato, certamente, ocorreu devido à concepção de que a deficiência os incapacitava para aprender e construir conceitos científicos, o que pode se transformar em preconceitos e impedir que sejam inseridos no ambiente escolar comum.

Contudo, observa-se que o contexto escolar regular tem privilegiado aqueles adolescentes com maior potencial de desenvolvimento relativo aos conceitos científicos. Muitas vezes, nega-se que, necessariamente nessa faixa etária, o indivíduo ainda tenha que fazer outras adaptações referentes ao corpo em crescimento e desenvolvimento, e se desconhecem as afirmações de Vygotsky sobre a importância da interação e da mediação social a serem realizadas pela escola. Acredita-se que a mediação pode e deve ser exercida pelos professores. No entanto, é provável que nem todos tenham este conhecimento e, por esse motivo, também desconhecem a importância da mediação que realizam e daquela que deveriam realizar para trabalhar com a diferenciação. Essa prática pedagógica, se exercida pelos professores, de certo, criaria oportunidades de alcance do sucesso escolar para todos os alunos, com ou sem deficiência. Nesse aspecto, considera-se a questão das relações interpessoais como um dos fatores que podem indicar o caminho para o sucesso ou o fracasso escolar.

As mudanças de estado de ânimo e os conflitos internos apresentados pelos adolescentes precisam contar com a compreensão por parte dos professores, como parte integrante do processo de desenvolvimento desses jovens. Caberia aos docentes mediar esse processo na busca de um bom relacionamento interpessoal o que, talvez, seja difícil de ser compreendido por aqueles que não dispõem de informações a esse respeito. Muitos dos conhecimentos sobre a adolescência originaram-se de diferentes comunidades sociais. Elas possuem formas diferentes de abordar a passagem da infância para a adolescência, e desta para a idade adulta, o que constitui um processo histórico e cultural que envolve as relações. Porém, esses conteúdos não foram veiculados na formação acadêmica de muitos professores, distanciando-os da realidade, no caso dos alunos-adolescentes.

Vygotsky discute as relações interpessoais, atrelando-as historicamente aos conhecimentos científicos e culturais vinculados à necessidade de interação e aceitação social, em especial quando comenta que "é preciso derrubar o muro das escolas, para aproximá-las da realidade" (Ibidem, 1997, p. 85). Nessa afirmação, o autor concebe o ato de educar não restrito à educação do cego, ou do deficiente mental, mas, de forma ampla, visa incluí-los no conjunto educacional maior, ou seja, o da educação para todos, independente de sua deficiência. Isso requer um novo processo de comunicação e educação, que se constrói sob novas concepções, pois pressupõe a derrubada dos muros ou de concepções preconceituosas. Nessa construção, é também preciso considerar que as concepções de adolescência têm se alterado, assim como as da adolescência com deficiência.

1.4 A adolescência e a deficiência

Ao colocar, em foco, o adolescente e a concepção que professores possuem sobre os adolescentes com deficiência mental, retrato neste capítulo, inicialmente, a caracterização da adolescência; a seguir, procuro situar algumas questões sobre a adolescência que se acentuam com sujeitos deficientes, estigmatizando-os. Apresento dados de pesquisas sobre adolescentes deficientes e, finalizo, com o papel das relações interpessoais na interação entre o aluno-adolescente e os professores.

Segundo Salles (1993) e Peres (1998), a adolescência é caracterizada pela transição entre a infância e a idade adulta, portanto, entre os dez e os vinte anos de idade, sendo vista como um período culturalmente determinado na vida dos sujeitos. Período que se reporta às necessidades intelectuais, afetivas, físico-corporais e sociais de sua aprendizagem, observando-se a filosofia de vida dessas pessoas e correlacionado-as ao grupo social ao qual pertencem.

Aberastury e Knobel (1976) definem a adolescência como uma época de desequilíbrio e instabilidade na busca da identidade. Segundo esses autores, os adolescentes podem desenvolver sua autoestima, na construção de si mesmos e de sua identidade; apresentar luto pela perda do corpo infantil, bem como um afastamento progressivo da figura dos pais em busca da autonomia; ter sentimentos de onipotência, e em suas relações interpessoais desenvolver uma tendência grupal positiva ou negativa; e ainda, apresentar uma constante alteração em seu estado de ânimo e de humor.

Os sentimentos de onipotência em suas relações interpessoais, a tendência grupal e a constante mudança de estado de ânimo e de humor que caracterizam os adolescentes, certamente, afetam as concepções que professores têm desses jovens. Suas necessidades de intelectualizar e fantasiar, assim como as atividades corporais que executam para se expressar e se comunicar chamam a atenção no âmbito da escola.

Ao descrever a adolescência, Salles (1993) se reporta aos estudos de Erikson, assinalando que, para aquele autor, "a personalidade é constituída pela interação entre o biológico, o social e o individual". Com base no desenvolvimento biológico e social, observa o desenvolvimento "maturacional" e a satisfação das necessidades individuais, que variam culturalmente. Os estudos da autora, assim como os de Erikson, apontam que o ser humano, de criança dependente, ultrapassará o período da adolescência e se tornará adulto, adaptando-se aos hábitos e restrições sociais da cultura na sociedade em que se insere e, na qual, formará sua identidade.

Ao estudar as concepções sobre o adolescente e a adolescência, Salles (1993) observa que mudanças físicas ocorridas na puberdade, quando há um rápido crescimento físico, provocam uma interferência na construção da identidade do jovem que, aliada à maturidade e ao aumento das responsabilidades sociais, provocam uma busca por experimentar novos papéis, com a tolerância da sociedade. Tais afirmações também foram destacadas por Erikson (1976) e por Aberastury e Knobel (1976).

As modificações corporais pelas quais passa o adolescente inserem-no no mundo dos adultos, onde ele transita de uma situação de dependência a uma de independência. Assim, o mesmo deve rever o passado e se preparar para o futuro, buscando uma nova identidade. O adolescente deve, pois, renunciar a ser criança e a ser tratado como tal, deve defender seus valores, planejar sua vida e controlar todas as suas mudanças (SALLES, 1993).

Ainda de acordo com a autora, o fim da adolescência é o "autoreconhecimento, o responder quem é, o que quer, saber quais são suas aspirações, definir suas ocupações e aceitar as suas mudanças corporais" (SALLES, 1993, p. 56). Durante a adolescência, conforme foi observado por ela, a preocupação com o corpo se traduz no desejo de ser atraente, o que está associado ao êxito sexual e ao prestígio. A interação social nessa faixa etária volta-se para o estabelecimento das relações amorosas e sexuais e a "autoaceitação é dependente da aceitação do próprio corpo e da aceitação do corpo pelos outros" (Idem, p. 58).

Segundo Daolio (1995), mais do que saber que os corpos se expressam diferentemente porque representam culturas diferentes, é necessário entender quais os princípios, valores e normas que levam os corpos a se manifestarem de determinada maneira. Enfim, é preciso compreender os símbolos culturais que estão sendo representados no corpo. Nesse caso, por exemplo, pessoas que usavam a mão esquerda, foram designadas de sinistras e deficientes e até impedidas de sua utilização pública, nas escolas, dado o ato profano desse uso, por exemplo:

> [...] na comparação entre a mão direita e a esquerda, não está se falando apenas das características motoras diferenciais, mas, sim, da polaridade religiosa entre o sagrado e o profano que, como simbologia, reforça uma pequena diferenciação orgânica, fazendo com que uma parte do corpo seja mais valorizada do que a outra (1995, p. 40, 42).

Nesse caso, toda tradição gestual é transmitida pela educação através das gerações, seja de forma oral ou corporal. Mas, "o homem não é somente fruto e representante de uma sociedade, ele também é dotado de consciência que permite o nível social e o nível pessoal" (MAUSS, 1974; citado por DAOLIO, 1995, p. 44, 45). Ao considerar o nível pessoal de sua aprendizagem e de seu relacionamento com outros, parece que no universo escolar, muitas vezes, o adolescente é visto apenas como um ser dotado de inteligência, que parece estar desvinculada do corpo ou das emoções. No nível social, parece que o adolescente, que já é estigmatizado em decorrência de suas mudanças, recebe um tratamento ainda mais estigmatizado e estereotipado pelo fato de, além de ser um adolescente, possuir uma deficiência.

A dicotomia entre o "desvio e a diferença" e o "desenvolvimento do corpo e a inteligência" tem feito parte das concepções sobre os adolescentes em idade escolar. Nota-se que, de certa forma, criou-se um fosso entre o aluno-adolescente real e aquele idealizado. O adolescente real deveria receber uma educação integral, ser respeitado em suas habilidades individuais e em suas necessidades de atividade, que estão ligadas à afetividade e cognição.

O aluno do "tipo ideal" parece ser aquele que responde positivamente aos anseios dos diferentes professores, tem excelente desempenho intelectual, independência, assiduidade, boa aparência corporal, é atencioso e dócil, conforme ressalta Garcia (2002). As concepções dos professores, provavelmente, interferem na relação com seus alunos e vão muito além da expectativa de atitudes e comportamentos, mas estão vinculadas à concepção de corpo saudável, educável e controlável, ou à negação do corpo. Garcia (2002) explica como os adolescentes lidam com o corpo: "Alguns corpos lutam pela sua visibilidade e por direitos humanos, sociais e políticos"; e "outros reduzem e negam o corpo do outro; outros ainda escondem seus próprios corpos como se deles se envergonhassem" (Ibidem, p. 71).

O corpo negado, do qual muitos se envergonham, poderia ser o da criança ou do adolescente deficientes ou, até mesmo, daquelas pessoas que se encontram na transição entre a infância e a adolescência, e que poderiam apresentar temporariamente algumas dificuldades em sua motricidade, as quais interferem na realização de atividades em sala de aula, como muitas vezes se percebe em adolescentes com deficiência mental. Seria necessário, então, que essas pessoas com deficiência ganhassem "visibilidade" para que viessem a receber os apoios e uma educação junto aos demais alunos no ensino regular.

Visto que a estigmatização e os estereótipos entre o que é considerado normal e anormal impedem a "visibilidade" das pessoas com deficiência, dada sua incapacidade para o desempenho de atividades, é possível que por concepções preconceituosas sejam rejeitados, também, pela coletividade juvenil. Tal estigmatização pode ser percebida pelos adolescentes como algo inerente à concepção de corpo que transporta uma deficiência mental, e que ainda é citada por muitos jovens como "do idiota, do débil, do debiloide, do louquinho" e que, segundo Carmo (1991), refere-se à "concepção comum e corrente de pessoa incapaz, improdutiva, diferente, fora dos padrões estéticos normais" (Idem, p. 18).

Ao pesquisar sobre os deficientes como pessoas diferentes ou fora dos padrões estéticos normais, Carmo (1991) e Amiraliam (1986) reportam-se a essas pessoas como divergentes dos demais. Ao buscar as raízes de tal divergência, principalmente, no relacionamento deles com suas famílias, Amiraliam (1986) conclui que, muitas vezes, os preconceitos acontecem no próprio seio familiar, e têm vínculo com a imagem da geração de um filho perfeito, o que dificulta sobremaneira o relacionamento interpessoal quando isso não acontece.

A autora discute a possibilidade do desenvolvimento corporal dessas pessoas "divergentes", nas quais inclui os aspectos sensoriais e motores. Afirma que tal desenvolvimento pode ser limitado "*por deficiências ortopédicas, sensoriais, neurológicas ou intelectuais, além de ser acrescidas de frustrações, por se sentirem incapazes de realização*" (Idem 1986, p. 60). Segundo ela, a imagem corporal ou a representação mental, que uma pessoa tem de seu corpo e suas partes, é um elemento básico da formação do autoconceito. O desenvolvimento deste também é dificultado ao sujeito divergente, tanto porque o âmbito de suas experiências é mais limitado, o que o impede de um maior conhecimento de seu próprio corpo, como pelas percepções de sua imagem refletida no espelho, o que, frequentemente, é negado aos indivíduos excepcionais, conforme afirma:

> As brincadeiras e jogos que decorrem da descoberta pela criança de sua imagem no espelho não são propostas às crianças divergentes. Daí, a dificuldade na formação de uma imagem corporal realista entre os indivíduos incapacitados; ela é, em geral, vaga e fluída (Ibidem, 1986, p. 60, 61).

As situações descritas tanto por Carmo (1989, 1991) quanto por Amiraliam (1986) denotam que foram construídos estereótipos sobre as pessoas deficientes ou diferentes que, muitas vezes, as excluíram do convívio com as demais e afetaram sua autoimagem. Muitas dessas situações sobre o indivíduo que se movimenta e que aprende e que tem habilidades, foram estudadas por Garcia (2002). Em seu relato, leva em conta que muitos professores não conseguem estabelecer vínculos com os alunos ou perceber suas necessidades psicológicas ou orgânicas, negando o corpo do indivíduo e as limitações dele decorrentes, o que, em geral, piora a situação, quando essa pessoa é um deficiente mental.

Percebe-se que, em sala de aula, deficientes mentais, aqui considerados como alunos-adolescentes, deveriam ter uma aprendizagem de corpo inteiro, pois, além de realizarem o ato motor da escrita e da leitura, tais alunos passam ao mesmo tempo pelos conflitos cognitivos relativos à aprendizagem. Como pessoas que interagem com o meio ambiente, ainda se encontram imersos numa enorme gama de relacionamentos interpessoais, ora com os professores, ora com os demais colegas da escola.

Para tanto, deve-se considerar as concepções de professores sobre os jovens e como elas, até certo ponto, podem vir a influenciar as relações interpessoais na escola, acentuando suas diferenças pessoais não, proporcionando a esses indivíduos um encaminhamento que possa atender às suas desigualdades culturais ou sociais. Deixar de lado as desigualdades pode influenciar as relações interpessoais e, na relação pedagógica que se estabelece, levar ao fracasso escolar. Segundo André (1999), o fracasso escolar pode estar sendo gerado no interior da própria instituição (escola), no seu modo de organizar o trabalho pedagógico.

Na organização do trabalho pedagógico, têm sido considerados os conteúdos a serem ensinados, o planejamento das atividades, os materiais pedagógicos e as relações de poder. Mas as relações interpessoais de sala de aula parecem ter sido esquecidas, por vezes negadas e até compensadas, ou, ainda, terem se constituído motivo da exclusão de muitos alunos do processo de escolarização, especialmente, quando apresentam deficiências. Sendo assim, torna-se relevante considerar as concepções dos professores sobre as necessidades dos alunos-adolescentes.

É possível que as concepções dos professores referentes aos alunos com deficiências[2] e necessidades especiais possam ter origem nas discussões acadêmicas ou na legislação oficial que determinam que deficiência é: "toda perda ou anormalidade de uma estrutura ou função psicológica, fisiológica ou anatômica que gera incapacidade para o desempenho de atividade" dentro do padrão considerado normal para o ser humano. A pessoa portadora de deficiência é aquela que se enquadra nas categorias de: "deficiente física, deficiente auditiva, deficiente visual, deficiente mental ou com múltipla deficiência".

Percebe-se que, devido à experiência pessoal e nas relações subjetivas e sociais, assim como na projeção de afetos, criaram-se estereótipos que classificam esses indivíduos como: anormais, doentes, divergentes ou desviantes, pois são diferentes dos demais; ou ainda porque tiveram uma colocação diferente no esquema social como pessoas que possuem um corpo e uma intelectualidade deficientes (VELHO, 1985; CARMO, 1989, 1991; AMARAL, 1994, 2002).

Tais possibilidades levaram-me a acreditar na hipótese de que, dada sua deficiência mental, podem ocorrer novos estereótipos na inclusão dos alunos-adolescentes que influenciarão muitos professores a formar concepções estigmatizadas sobre a infantilidade desses alunos. Tal infantilidade pode impedir que os alunos-adolescentes, como os demais dessa faixa etária, venham a se interessar por suas próprias mudanças corporais, assim como dificultar suas teorias e fantasias sexuais e aspirações de progresso intelectual em sua vida futura.

Ao refletir a esse respeito, busquei estudos sobre adolescentes deficientes mentais. Tais estudos abordam aspectos da transição da infância para a adolescência e desta para a idade adulta. Reche (1995) discute a percepção das mudanças corporais e as fantasias

2 Definição de deficiência e necessidades especiais segundo o Decreto nº 3298/99, (*apud* Mazzotta, 2002).

sexuais. Manzini (1999 e 2001) estuda as relações entre a linguagem, a cognição e as formas de pensamento dos adolescentes que apresentam deficiência mental e Tomasini (1995) relaciona as perspectivas intelectuais às expectativas dos professores sobre deficientes.

Ao supor que os adolescentes deficientes mentais e adolescentes sem deficiência têm suas teorias sexuais, sendo, portanto, interessante conhecê-las, Reche (1995) realizou um estudo, investigando as fantasias sexuais de um grupo de adolescentes com deficiência mental, com até 20 anos de idade. Considerou a possibilidade da existência de relações entre os fatores intelectuais e os aspectos sexuais próximos àqueles que também ocorrem com os adolescentes sem deficiência, e que se encontram no período da inteligência formal.

Nos achados científicos da pesquisadora, há adolescentes com deficiência mental que se encontram nos níveis intelectuais "pré-operatório e operatório concreto", e são capazes de fazer um reconhecimento das diferenças sexuais entre homens e mulheres, nomeiam seus órgãos genitais, elaboram respostas sobre a fecundação, o nascimento e a vida sexual das pessoas. No decorrer da análise, em termos gerais, a autora supõe e constata que, em virtude de os sujeitos poderem fazer uso de uma lógica diferente, ou não utilizarem a lógica que possuem para solucionar uma determinada situação (por exemplo, responder às perguntas a respeito das teorias sexuais), conseguem dar respostas próprias do período pré-operatório, embora a tarefa da prova tenha sido executada corretamente. Também foi localizada uma posição contrária em que alguns sujeitos, apesar de apresentarem dificuldades de solucionar adequadamente a prova proposta, foram capazes de responder às perguntas da entrevista sobre o tema "sexualidade". Em suas respostas, externaram opiniões próximas ao período intelectual formal.

Manzini (2001) desenvolveu uma pesquisa com adolescentes que apresentam deficiência mental. Esses adolescentes eram considerados deficientes mentais leves, frequentavam classes da quarta e oitava séries da Educação Especial, egressos de uma instituição especializada em treinamento profissional na área da deficiência mental, receberam formação e orientação profissional e foram encaminhados para algum tipo de trabalho. Foram questionados sobre seu ambiente de trabalho e suas relações.

Ao realizar as entrevistas, o pesquisador utilizou-se de referencial teórico de Inhelder, Piaget e Vygotsky. No decorrer destas, ele preocupou-se com o desenvolvimento da linguagem e das formas próprias do pensamento de deficientes mentais em sua capacidade de desenvolver respostas ao tema que lhes foi proposto. Os participantes deviam elaborar uma operação cognitiva que dizia respeito a uma ordem sequencial, ao uso da memória, tendo necessidade de relacionar informações para dar a resposta adequada.

O autor comparou os resultados às primeiras pesquisas do final da década de 60, que tratavam da cognição e do desenvolvimento de indivíduos com deficiência mental. Naquelas pesquisas considerava-se que essa população não seria capaz de atingir o estágio de desenvolvimento do pensamento formal, que ocorre entre a adolescência e a idade adulta, "chegando apenas a caracterizar as operações concretas" (INHELDER, 1969, p. 274, citado por MANZINI, 2001).

No referido estudo, Manzini encontrou formas próprias de raciocínio formal entre as respostas dos adolescentes considerados deficientes mentais leves, a partir do estudo das interações verbais. Identifica, portanto, que há influência da interação verbal do pesquisador nesses processos de esclarecer a problemática de cognição de indivíduos deficientes mentais. Nesse sentido, remete sua discussão para a questão da Zona de Desenvolvimento Potencial proposta por Vygotsky, e percebe que a mediação que fazia como pesquisador exigia que os sujeitos adolescentes dessem outras respostas, ou seja, o pesquisador colocava outras tarefas cognitivas a serem resolvidas.

Em tal análise, faz reflexões sobre os fatores que podem ter definido se os indivíduos eram ou não deficientes mentais, e que não dizem respeito apenas ao seu desenvolvimento, mas aos métodos utilizados para definir o desenvolvimento. Comenta ainda que é comum considerar-se uma criança como sendo deficiente mental através de sua história de fracasso escolar e de suas dificuldades de comunicação, a partir da rotulação, que, historicamente, foi imposta pelo teste de QI. Nessa rotulação, a pessoa perde sua identidade individual enquanto é percebida pelos outros e *"é inserida num grupo que é marginal com referência aos padrões valorizados: torna-se 'o deficiente'* (MANZINI; SIMÃO, 1993, p. 25, 26). Tanto "o deficiente" pode se perceber rotulado quanto os demais podem percebê-lo como diferente e estigmatizá-lo.

As limitações intelectuais do indivíduo deficiente mental, segundo Tomasini (1995), têm sido utilizadas pelos educadores e pela comunidade em geral como fatores que impedem a aprendizagem de conteúdos, que são considerados mais complexos e exigem maior capacidade de raciocínio; "um indivíduo sem êxito, na maioria da vezes, é reduzido ao atributo negativo que carrega" (p. 129).

Em uma concepção mais atual, esses alunos-adolescentes deveriam estar incluídos e recebendo uma educação integral, mas o que se vê é a existência de um limite em relação ao progresso do aluno deficiente mental. Tal limite faz, certamente, parte da concepção e das expectativas dos educadores. Segundo os estudos de Tomasini, isso ocorre mais em razão de um preconceito do que das reais condições mentais, físicas, emocionais e sociais do aluno.

Nessa situação, os deficientes mentais formam um grupo social com sérias limitações, com poucos graus de cidadania, de fato. E, nessa abordagem, muito provavelmente, os educadores não colaboraram para desenvolver as potencialidades desse grupo de indivíduos, aos quais raramente é dada a palavra; sendo suas reações "entendidas como referentes ao grau de anormalidade", o que impede a percepção de comportamentos significativos para superar seus limites.

Os estudos de Manzini (1996) e Tomasini (1995) apontam para questões intelectuais e da interação desses sujeitos com o pesquisador em uma ação cognitiva que lhes permite, ao usar a lógica própria, construir respostas adequadas. Isso mostra a importância de investigar, no âmbito da escola, as relações interpessoais entre os alunos-adolescentes e seus professores. Para incluir e integrar todos os alunos, no ensino regular, é preciso mudar a concepção sobre suas diferenças e divergências. Mudanças nesse sentido dependem de muitos fatores, entre eles podemos buscar explicações no contexto da formação dos professores.

1.5 Alunos com deficiência e o contexto da formação de professores

Concepções históricas e socialmente geradas sobre a deficiência e, em especial, sobre deficiência mental criaram estigmas e estereótipos, e o fato conduziu pessoas à educação segregada. Isso parece haver criado, no pensamento coletivo da sociedade e, provavelmente, dos professores, outras tantas concepções dessa impossibilidade de convivência social, o que com certeza privou pessoas do acesso à educação regular e ao mundo do trabalho, originando todo um processo de exclusão.

É provável que diferentes tendências que perpassaram o pensamento educacional, desde a segregação total à exclusão das pessoas deficientes, desencadearam, no século XX, outras possibilidades de organização de serviços de atendimento e a criação de escolas, nas quais havia a concepção do princípio da normalização e da integração.

A abordagem de "normalização" e "integração", segundo Glat (1995), na década de 1980, partia do pressuposto de que pessoas com deficiência teriam o direito de usufruir das mesmas condições de vida consideradas normais ou comuns para o conjunto da população de sua comunidade, devendo sua educação e reabilitação acontecerem em ambientes menos segregados, por meio de um "continuum" de recursos ou serviços educacionais especiais.

A proposta de um modelo teórico de organização de serviços em Educação Especial, bastante divulgado nas décadas de 1970 e 1980, estabeleceu que a ampla maioria de alunos considerados "excepcionais" poderia ficar em serviços mais integrados, tal como na base ampla de uma pirâmide; à medida que se subisse para a parte mais alta da figura, viriam os serviços de natureza segregada, como classes e escolas especiais, necessárias, em tese, para um grupo menor de alunos, aqueles mais comprometidos. Contudo, houve ampliação das classes especiais, que passaram a receber alunos já matriculados nas classes comuns, e deixaram de atender a população que estava em instituições ou sem qualquer atendimento (FERREIRA; GLAT, 2003).

Nesse sentido, mudanças de concepção e capacitação da escola e de seus professores se fazem necessárias, se consideradas as exigências de que pessoas deficientes e com necessidades educacionais especiais, citadas na Lei de Diretrizes e Bases da Educação Nacional, Lei de número 9394/96, devem frequentar o ensino regular. Na prática, parece que há um fosso entre as necessidades educacionais dos alunos e a capacidade de a escola assumir essa tarefa.

Ferreira (1998) afirma que "é certo que o registro legal, por si, não assegura direitos, especialmente numa realidade em que a educação especial tem reduzida expressão política no contexto da educação geral", o que me leva a acreditar que, para assegurar tais direitos, deveríamos, todos nós, formadores, bem como alunos/professores, rever o significado que foi construído sobre a deficiência e o uso do termo "pessoa com necessidades educacionais especiais", no âmbito escolar e na formação de professores.

Para isso, recorreu-se às pesquisas de diferentes autores, nas quais pessoas deficientes têm sido consideradas historicamente "ora como representantes dos deuses, ora como representantes dos demônios ou como bobos da corte", também vistas sob os estigmas e estereótipos como "portadores de doença, anormalidade, desvio e divergência", o que lhes impediu a convivência com os demais, bem como a frequência ao ensino regular, segundo estudos de Amaral (1994, 2002), Carmo (1994), Goffman (1986), Marques (2001), Mendes (1996, 2001 e 2002) e Velho (1985), os quais subsidiaram o estudo das diferentes concepções que, sucessivamente, podem ter influenciado a sociedade e os professores no âmbito do ensino. Esta influência pode apresentar-se, também, em documentos que oficialmente orientam a educação e a formação de professores.

Ao examinar situações do cenário escolar, cabe agora discutir algumas formulações contidas em documentos internacionais e nacionais. Com essa finalidade, observa-se a Declaração de Salamanca (UNESCO, 1994), da qual o Brasil é signatário. Nela, são tratadas questões da Educação e inclusão escolar de crianças, mulheres, índios, minorias étnicas e, ao mesmo tempo, há orientações e sugestões sobre a Educação e para formação de professores que irão trabalhar com pessoas portadoras de deficiência e de necessidades educativas especiais. O documento tem sido debatido, por vezes combatido, e de alguma forma, influenciou a preparação das escolas para a aceitação dos alunos com deficiência a serem inseridos em classes comuns, visto que sua elaboração ocorreu dois anos antes da nova Lei de Diretrizes e Bases da Educação Nacional (LDBEN).

A LDBEN (Lei 9394/96) utiliza os termos "educandos portadores de necessidades especiais e educandos com necessidades especiais (N.E.E)". Neste trabalho, utilizo também a expressão pessoas com necessidades educacionais especiais, utilizada e já consagrada por Mazzotta (2002).

Segundo os artigos 58, 59 e 60 do capítulo V dessa Lei, referentes à Educação Especial, os portadores de deficiências e necessidades especiais deverão ser matriculados, preferencialmente, na rede regular de ensino, bem como os professores deverão receber formação e os apoios técnicos que se fizerem necessários. Tendo em vista o processo de integração e inclusão, o artigo 58 prevê, também, atendimento educacional especializado quando for necessário e não for possível a integração em classes regulares, em função das condições específicas dos alunos.

Não basta, porém, que os direitos à integração e inclusão das pessoas deficientes nas classes do ensino regular estejam contemplados em lei. É preciso muito mais. Segundo Mazzotta (1996, 2002), a despeito de figurar na política educacional brasileira, desde a década de setenta até os dias atuais, a existência do direito a uma educação especial, segundo as condições dos alunos, tem sido vista como assistência e não como ação pedagógica capaz de trazer benefícios a esses alunos: "a educação especial tem sido, com grande frequência, interpretada como um apêndice indesejável [...]". "O sentido a ela atribuído é, ainda hoje, muitas vezes, o de assistência aos deficientes e não o de educação de alunos" (MAZZOTTA, 1996, p. 11).

O equívoco na interpretação dos direitos assegurados em lei mostra que, muitas vezes, não se considera o potencial para a aprendizagem. Seria preciso analisar esse potencial, bem como orientar professores e pais para o processo de inclusão, pois se corre o risco de que mais uma vez, ao invés de uma iniciativa de sucesso, surjam alternativas que excluem e segregam. Portanto, a preparação dos professores é essencial se o que se deseja é obter sucesso.

Para lecionar na educação especial, segundo Mazzotta (1993), ora se indica que o professor deva ser formado mediante um preparo básico de professor normalista, complementado pela especialização em uma das áreas específicas da educação especial, ora deva ser habilitado em curso superior de Pedagogia, ou ter especialização em curso de pós-graduação. A esse respeito, Mazzotta afirma ser oportuno lembrar que o professor de educação especial não constitui a duplicação de outros profissionais como o fonoaudiólogo, psicólogo, fisioterapeuta, terapeuta ocupacional, mas que esse professor deve lecionar o mesmo que ensinou ou continua a ensinar aos alunos tidos como "normais", ou seja, desde os hábitos mais elementares e as habilidades de ler, escrever e contar, até as ciências sociais, etc. "O trabalho que lhe compete, segundo a prescrição legal, reveste-se de um nítido e exclusivo sentido pedagógico" (1993, p. 2).

Ao estudar a formação de docentes que lecionam na educação especial, Kassar (1993, 1995) toma, como ponto de partida, a visão fragmentada que os professores de deficientes mentais têm sobre seus próprios alunos. Nessa visão, os professores percebem que, mesmo lecionando em uma escola regular, seus alunos são tratados de forma preconceituosa, pois não conseguem alcançar sucesso em atividades que são realizadas pelos outros alunos. Os próprios docentes não encontram formas de organizar o trabalho em sala de aula, visto que se limitam à própria percepção da deficiência mental dos alunos, deixando de lado as possibilidades de progresso. Apontam, segundo a autora, para a segregação sofrida tanto pelos alunos deficientes mentais quanto por seus professores em escolas da rede pública sendo, assim, duplamente segregados.

Os professores habilitados em lecionar para alunos deficientes são herdeiros do mesmo legado educacional que formou recursos humanos para a educação; experimentam dificuldades similares àquelas enfrentadas por seus colegas de profissão, independente da clientela com a qual trabalham. Recebem parcos salários e são desvalorizados profissionalmente, muito embora sejam reconhecidos como abnegados guardiões de "crianças-problemas", e sofram a falta de oportunidades de se atualizarem, devido, principalmente, à precariedade de capacitação docente (MARQUES, 2001).

Ao considerar os professores que lecionavam entre 2003 e 2004, no ensino regular na escola-alvo da pesquisa, em classes da 5ª até a 8ª séries; com adolescentes do II ciclo do Ensino Fundamental, penso que tais informações deveriam prepará-los para compreender como as "incapacidades" ou as "desvantagens" oriundas de características da deficiência mental ou relativas às necessidades especiais afetam o processo de aprendizagem, e como os professores poderiam lidar com estes aspectos e, assim, fazer uso do apoio de serviços especializados.

Mazzotta (2002) julga fundamental considerar as necessidades educacionais especiais em sua interdependência com as necessidades humanas; destaca que, ainda que não sejam interpretadas de forma hierarquizada, há necessidades fisiológicas, de segurança, de participação social, de estima ou reconhecimento e as de autorrealização, que se encontram "intrincadas nas necessidades educacionais comuns e especiais, cuja satisfação inclui a atuação competente das escolas" (MAZZOTTA, 2002, p. 33).

O autor explica que muitas dessas proposições são tratadas por educadores brasileiros desde a década de 70, e declara que somente nas situações concretas em que se encontram os alunos nas escolas é que se poderá interpretar as necessidades educacionais escolares como comuns ou especiais, cabendo à instituição escolar a responsabilidade de identificar e atender tais necessidades. Observa, ainda, que é amplo o número de pessoas com deficiência que, em situação escolar, não requerem qualquer tipo de auxílio ou serviço de educação especial; mas é fundamental que nenhuma potencialidade individual seja negligenciada. Destaca-se, na proposição de Mazzotta, que a escola venha a firmar-se como "espaço privilegiado das relações sociais para todos", em especial quando afirma que:

> Numa sociedade onde [...] a solidariedade, tolerância, aceitação e cooperação têm sido atitudes raras, em suas várias instâncias, e a ética tem sido algo cada vez mais distante e desconhecida nas relações humanas, por certo muito se espera da escola (MAZZOTTA, 2002, p. 35).

Nessa concepção, de que "*muito se espera da escola*", em especial das relações sociais que nela vêm ocorrendo, reconhece-se que tem havido exclusão não apenas de crianças, jovens e adolescentes bem-dotados, mas ainda, como afirma o autor ao lembrar-nos do referencial da Declaração de Salamanca (1994), a escola pode estar excluindo de sua frequência os menos favorecidos, jovens que vivem e trabalham nas ruas, assim como pessoas com deficiência (MAZZOTTA, 2001).

Um dos autores que apoia essas ideias é Ferreira (1998), ao demonstrar que o acesso das pessoas deficientes à educação tem sido tratado de forma "escassa e revestida de um caráter de concessão ou de assistencialismo". Essas reflexões induzem-nos a pensar que, a implementação de uma proposta "assistencialista", não necessitaria de formação de professores, mas apenas a participação de pessoas leigas com boa vontade. Isso é o que ocorre em muitas instituições de caráter filantrópico, onde podem se desenvolver ações e atitudes discriminatórias, que excluem pessoas do processo de escolarização, conforme apontado por Ferreira (1998): para a população que combina "as condições da pobreza e da deficiência, a instituição tende a assumir, de modo precário, um conjunto de demandas de assistência, saúde e inclusive formação" (p. 13). E ao tentar cumprir tantas metas, sem pessoal habilitado, reforça as desigualdades.

Segundo Ferreira e Glat (2003), na LDBEN, a expressão "necessidades especiais" substituiu o termo "deficiências", mantendo-se na versão final da Lei a categoria ampla, sem se especificar quem são os educandos com necessidades especiais, os quais são também vistos, de forma genérica. Essa generalização tornou alvo de críticas as classes especiais (que foram desativadas em muitas regiões do país, nem sempre com garantia de uma outra opção de escolaridade efetiva para seus alunos) e outros apoios especializados criados pelas escolas públicas. De outro lado, as instituições filantrópicas e as especializadas, a partir das demandas de reorganização propostas na LDBEN, buscam ser reconhecidas como escolas (FERREIRA, 2000).

Nesse ínterim, a União transfere aos Estados e Municípios a responsabilidade da gestão dos sistemas educacionais e dos serviços de atendimento às pessoas com necessidades especiais. Expande-se a municipalização, e contando com verbas federais do Fundo Nacional de Desenvolvimento do Ensino Fundamental (FUNDEF), muitos municípios aumentam o número de serviços locais, muitas vezes sem o devido cuidado com o planejamento e acompanhamento das ações.

O aumento do número de vagas, sem a melhoria de outras condições favorecedoras da inclusão social, pode comprometer os possíveis ganhos sociais do processo de escolarização, principalmente, nos municípios mais pobres (FERREIRA e GLAT, 2003). Na visão destes autores, o quadro que se apresenta para a educação dos alunos com necessidades especiais envolve questões político-financeiras, principalmente em cidades do interior, "marcadas pela escassez de programas ou mesmo de vagas para essa população, pela crise dos modelos mais tradicionais de atendimento junto à escola pública" (Id., p. 383).

Com relação à formação inicial dos professores que atuam na educação especial, o Censo de 1998 indicava que 3,2% possuíam ensino fundamental, 51% ensino médio e 45,7% ensino superior. Em 2006, dos 54.625 professores nessa função, 0,62% registram ensino fundamental, 24% ensino médio e 75,2% ensino superior. Nesse mesmo ano, 77,8% desses professores declararam ter curso específico nessa área de conhecimento.

Para atuar na educação especial, a partir de 2007, segundo as Diretrizes da Política Nacional de Educação Especial, o professor deve ter como base da sua formação, inicial e continuada, conhecimentos gerais para o exercício da docência e conhecimentos específicos da área. Essa formação possibilita a sua atuação no atendimento educacional especializado, aprofunda o caráter interativo e interdisciplinar da atuação nas salas comuns do ensino regular, nas salas de recursos, nos centros de atendimento educacional especializado, nos núcleos de acessibilidade das instituições de educação superior, nas classes hospitalares e nos ambientes domiciliares para a oferta dos serviços e recursos de educação especial.

Para as políticas públicas, a formação deve contemplar conhecimentos de gestão de sistema educacional inclusivo, tendo em vista o desenvolvimento de projetos em parceria com outras áreas, visando à acessibilidade arquitetônica, aos atendimentos de saúde, à promoção de ações de assistência social, trabalho e justiça.

Apesar dos avanços na política de atendimento que, de alguma maneira, permitiu a aproximação das famílias à participação na gestão escolar, nota-se que se tem esbarrado, muitas vezes, na internalização de preconceitos relativos à deficiência. Embora haja uma exigência legal da inclusão escolar prescrita pela LDBEN, e da inclusão social, na aceitação da pessoa com deficiência através do acesso ao mundo do trabalho, prevista pela Lei 8.213/91, a qual exige que as empresas brasileiras, que possuam acima de cem funcionários, ofereçam cotas entre 2% a 5% de seus cargos para pessoas portadoras de deficiência, nota-se que há muito, ainda, por fazer.

De acordo com documento da Política Nacional de Educação Especial na Perspectiva da Educação Inclusiva, Portaria 948, de 09 de outubro de 2007, lançou-se o Plano de Desenvolvimento da Educação – PDE, reafirmado pela Agenda Social, tendo como eixos a formação de professores para a educação especial, a implantação de salas de recursos multifuncionais, a acessibilidade arquitetônica dos prédios escolares, acesso e a permanência das pessoas com deficiência na educação superior e o monitoramento do acesso à escola dos favorecidos pelo Benefício de Prestação Continuada – BPC.

No documento do MEC, *Plano de Desenvolvimento da Educação: razões, princípios e programas* (2007, p. 09), também é reafirmada a visão que busca superar a oposição entre educação regular e educação especial, pois, ao contrário da transversalidade da educação especial, nos níveis e modalidades, a educação não se estruturou na perspectiva da inclusão, limitando o cumprimento do princípio constitucional que previa igualdade de condições para o acesso e permanência na escola.

De acordo com as Diretrizes da Política Nacional de Educação Especial (2007), as atividades desenvolvidas no atendimento educacional especializado diferenciam-se daquelas realizadas na sala de aula comum, não sendo substitutivas à escolarização. Esse atendimento complementa e/ou suplementa a formação dos alunos com vistas à autonomia e independência na escola e fora dela.

Dentre as atividades de atendimento educacional especializado devem ser disponibilizados programas de enriquecimento curricular, o ensino de linguagens e códigos específicos de comunicação e sinalização e "tecnologia assistiva", com uso de adaptações e da computação. Ao longo de todo o processo de escolarização esse atendimento deve estar articulado com a proposta pedagógica do ensino comum nas escolas da rede pública e nos centros de atendimento educacional especializados, públicos ou conveniados.

Consta ainda que, em todas as etapas e modalidades da educação básica, o atendimento educacional especializado será organizado na perspectiva da educação inclusiva e para apoiar o desenvolvimento dos alunos, constituindo oferta obrigatória dos sistemas de ensino, a se realizar no turno inverso ao da classe comum, na própria escola ou centro especializado que realize esse serviço educacional. As ações da educação especial possibilitam a ampliação de oportunidades de escolarização, formação para ingresso no mundo do trabalho e efetiva participação social.

Nos Projetos Pedagógicos, aconselha-se que a avaliação pedagógica como processo dinâmico deverá considerar tanto os conhecimentos prévios como o nível atual de desenvolvimento do aluno e suas possibilidades de aprendizagem futura, configurando uma ação pedagógica processual e formativa que analisa o desempenho do aluno em relação ao seu progresso individual. Na avaliação, devem prevalecer os aspectos qualitativos que indiquem as intervenções pedagógicas do professor. No processo, o professor deve criar estratégias considerando que alguns alunos podem demandar ampliação do tempo para a realização dos trabalhos e o uso da língua de sinais, de textos em Braille, de informática ou de tecnologia assistiva como uma prática cotidiana.

Para tanto, houve também a implantação do PDE, Plano de Desenvolvimento da Educação, publicado através do Decreto nº 6.094/2007, que estabeleceu as Diretrizes do Compromisso de Todos pela Educação, com a garantia do acesso e permanência no ensino regular e o atendimento às necessidades educacionais especiais dos alunos, fortalecendo seu ingresso nas escolas públicas.

A partir de 2008 o Ministério da Educação conforme Decreto 6.571/2008, prestará apoio técnico e financeiro às ações voltadas à oferta do atendimento educacional especializado, para: I. implantação de salas de recursos multifuncionais; II. formação continuada de professores para o atendimento educacional especializado; III. formação de gestores, educadores e demais profissionais da escola para a educação inclusiva; considerando-se que as salas de recursos multifuncionais são ambientes dotados de equipamentos, mobiliários e materiais didáticos e pedagógicos que permitem o acesso ao currículo. Admitindo-se ainda a partir de 1° de janeiro de 2010, a participação para distribuição dos recursos do FUNDEB, o cômputo das matrículas dos alunos da educação regular da rede pública que recebem atendimento educacional especializado, sem prejuízo da educação básica.

Porém, acreditamos que esse fortalecimento demanda um longo prazo, pois a "internalização" de estereótipos e preconceitos sociais, bem como as dificuldades encontradas tanto pelos familiares de pessoas deficientes (que não acreditam nessa inclusão) quanto por professores da rede regular de ensino (que não foram devidamente preparados) podem interferir na percepção dos professores, assim como em suas atitudes em relação aos alunos-adolescentes, levando-os à discriminação. Assim, com base em atitudes discriminatórias e preconceitos sociais advindos da relação professor/aluno, visto que esses alunos não apresentam um desenvolvimento igual ao dos demais, estes jovens podem ser considerados como pertencentes ao grupo dos diferentes ou com anormalidade me levou a pesquisar sobre as relações interpessoais e as concepções dos professores sobre os adolescentes.

1.6 Relações interpessoais e a concepção de professores sobre o adolescente com deficiência

Uma vez que uma das questões básicas de minha pesquisa era, saber se os professores aceitariam lecionar para adolescentes com deficiência mental e quais suas concepções a respeito, busquei autores que tratam do tema das *relações interpessoais.*

A existência da deficiência mental cria preconceitos e estereótipos. Vimos que é comum a existência de barreiras atitudinais no relacionamento entre alunos e seus professores. Esses atos, possivelmente preconceituosos, poderiam, ao mesmo tempo, apontar para uma negação tanto do corpo como da intelectualidade do aluno adolescente com deficiência mental. Portanto, tais atos poderiam não ser percebidos, de forma consciente, pelos professores em sala de aula, embora façam parte do processo de comunicação e aprendizagem.

A consciência se constitui pela linguagem, sendo a fala sua maior mediação, conforme descrevem os estudos de Vygotsky. Portanto, é, principalmente, na fala dos sujeitos que se alcança a consciência e se compreende a forma de pensar, sentir e agir do indivíduo. A interação dos sujeitos em suas relações interpessoais receberá a interferência ou a mediação dos outros sujeitos, sob forma de intenções e até de ações voluntárias, que, nesse caso, poderão interferir nas relações desse grupo social na escola e afetar a "concepção da aprendizagem como um processo", que sempre inclui relações entre indivíduos.

Nas relações pessoais e nas relações pedagógicas estabelecidas em sala de aula, pode-se observar a formação de grupos sociais, o que foi percebido por Placco (2002). Se a relação é, conforme comenta a autora, mediada por questões intelectuais, afetivas e sociais, abrange também o desenvolvimento pessoal dos indivíduos em suas significações e suas relações com os outros. Por meio da linguagem e do processo de comunicação é que as relações se estabelecem. Assim, o papel mediador da linguagem tem significados culturais e sociais que também envolvem o significado da comunicação, no processo de constituição recíproca dos sujeitos. Há, então, na escola, o desenvolvimento de parceria e cumplicidade na troca interpessoal entre professor e alunos, fruto de um aprendizado das habilidades de relação, conforme enfatiza Placco (2002):

> As habilidades de relacionamento interpessoal e social são, como tantas outras, aprendidas e desenvolvidas no viver junto e dessa aprendizagem ninguém sai igual: mudanças são engendradas, no nível da consciência, das atitudes, das habilidades e dos valores da pessoa, assim como no grau e na amplitude de seu conhecimento e no trato com esse conhecimento, com a cultura (Idem, p. 11).

A mediação do professor, em sua relação com os alunos, segundo Almeida (2002), transforma o ensino em uma atividade relacional, na qual está presente o diálogo. Portanto, não só as palavras do professor, mas seus gestos, seu corpo, bem como o sentido que dá às informações que partilha com seus alunos fazem parte do processo de comunicação. A comunicação e as relações sociais estão vinculadas às vivências grupais mediadas pela linguagem e caracterizadas por tensões e equilíbrio. Assim, o professor como pessoa e como profissional é um sujeito em processo de construção, que depende das relações interpessoais (SILVA, 2002).

Em especial, nessas relações que se estabelecem em sala de aula, há também, do ponto de vista do outro, uma interação que pode ser percebida através de palavras e intenções, que se fazem notar pela sua expressão facial e corporal, nesse momento da comunicação (ALMEIDA, 2002). Se há, nessa interação, a percepção de uma leitura de sinais faciais e corporais, certamente, ela será percebida com maior facilidade pelos adolescentes, que nesse período têm uma preocupação acentuada com o corpo e com a comunicação corporal o que, talvez, seja ainda mais exacerbado no adolescente com deficiência mental. Mas pode ocorrer que essa comunicação não se estabeleça dada a inibição e os preconceitos com os quais o aluno-adolescente foi educado e que dificultam uma real participação.

Ao abordar as relações, Almeida (2002) retoma as palavras de Perrenoud (1993) ao afirmar que o professor utiliza a si próprio como instrumento de trabalho. Sob o ponto de vista da autora, a sala de aula é uma oficina de convivência e o professor "um profissional das relações, com uma intencionalidade – a aprendizagem do aluno" (Idem, 2002, p. 27).

Na sala de aula, há uma realidade social presente que envolve as diferenças pessoais. Segundo Almeida (2001), os professores alegam não poder parar para conversar, pois não podem perder tempo, devido ao cumprimento dos programas. Assim, deixam de perceber a fala e o olhar dos alunos, ignorando suas diferentes formas de comunicação e suas possibilidades de utilizar a leitura e a escrita como parte do processo de aprendizagem.

De acordo com Almeida (2001), tanto a escrita quanto a fala "autêntica" revelam a "integração entre o pensar, o sentir e o agir", que se desenvolverá com coerência e respeito, em um processo de construção da autenticidade. A integração entre o pensar, o sentir e o agir faz parte da aprendizagem da "autenticidade" e das concepções do sistema de valores que constituem um dos suportes das relações interpessoais entre o professor e os alunos-adolescentes.

Ao analisar essas relações, há que se ponderar, sem dúvida, que nenhum professor trata todos os alunos da mesma forma. Há diferenças que nem sempre são consideradas, pois, ao se estabelecer a comunicação e as interações sociais com o grupo, pode ocorrer, simultaneamente, que muitos alunos não respondam a essas interrelações, conforme o esperado pelo professor. Em resumo, os processos de comunicação e apropriação da linguagem e das operações cognitivas sofrem a mediação ou interferência das relações interpessoais e da prática desses professores, com ênfase na inclusão de alunos com deficiência mental.

Com os alunos que têm necessidades especiais, pode-se utilizar as pedagogias diferenciadas, que visam, segundo Perrenoud (1995), amenizar problemas nas relações interpessoais como, por exemplo, quando os professores se aproximam mais daqueles alunos que são simpáticos e que demonstram maior interesse, ao mesmo tempo em que se afastam daqueles que se mostram desinteressados e que não colaboram para o bom andamento da aula. Perrenoud (2000) chama nossa atenção para o fato de que nas questões relacionais, "quando a distância interpessoal e intercultural é menor, a identificação é mais fácil e o contato, mais estimulante" (PERRENOUD, p. 62, 63).

Inconscientemente e, às vezes, contra seus valores, o professor pode ser levado a "favorecer os favorecidos", ao aproximar-se dos alunos mais simpáticos e afastar-se dos que lhe parecem desinteressados, visto que é desagradável trabalhar com aqueles adolescentes que demonstram não gostar da escola ou que se recusam frente às propostas feitas. Provavelmente, não se estabelece um bom grau de desenvolvimento das relações interpessoais entre o professor e os alunos se a vontade em ajudar os mais favorecidos for maior do que a de ampliar a participação daqueles que possuem dificuldades (ou com deficiência mental), pois se acentuam as diferenças entre os alunos de uma mesma turma ou classe.

André (1999), ao discutir a pedagogia das diferenças em sala de aula, faz uma análise das pedagogias diferenciadas propostas por Perrenoud (1997), e comenta que mesmo que a atividade esteja adequada ao nível do desenvolvimento cognitivo dos alunos, alguns podem não ver sentido em realizá-la. Torna-se importante, para esses casos, o ensino diferenciado. Segundo a autora, essa diferenciação "também reconhece a força do grupo como oportunidade de educação mútua e de aprendizagem" (ANDRÉ, 1999, p. 21). Cabe, portanto, ao professor incentivar o trabalho em grupo e ajudar os alunos a tomarem consciência de suas diferenças e desigualdades, o que, segundo André (1999) e Perrenoud (1997), virá a estimular uma intensa relação interpessoal, seja entre os próprios alunos, seja entre alunos e professores.

De acordo com os autores citados, a diferenciação requer uma tomada de consciência a respeito dessas diferenças, o que exige, ainda, uma grande investigação sobre as situações de aprendizagem que sejam significativas, analisando-se a complexidade da situação, as contradições, as possibilidades em vencer preconceitos e a concepção sobre fracasso escolar. Como lembra André (1999), no contexto escolar, para alguns professores, parece que "alguns alunos são mais inteligentes ou mais bem-dotados que os outros", ou seja, é necessário desmistificar tais ideias e "rejeitar a idéia, às vezes cômoda, às vezes desanimadora, de que o fracasso escolar é uma fatalidade" (Idem, p. 21).

Ainda nesse sentido, André (1995) reporta-se à necessidade de compreendermos o trabalho dos docentes para repensar os cursos de formação a partir do uso de pesquisas, em especial daquelas que têm base no saber docente construído em situações concretas e que, ao mesmo tempo, se relacionam ao tipo de aluno que os professores têm, aos recursos e às representações que geram sobre o seu trabalho, "as quais decorrem de suas experiências vividas – seu meio cultural, sua prática social, sua origem familiar e social, sua formação acadêmica" (p. 81).

Se o meio cultural e a prática social desses professores não favorecerem a inclusão e vierem a apontar para a existência de concepções "estigmatizadoras", como por exemplo: de que os alunos com deficiência mental não constituíram, historicamente, o tipo de aluno ideal, mas pertencem ao grupo que deveria ser educado e escolarizado de forma segregada, podem ocorrer situações interpessoais que envolvam preconceitos em sala de aula.

É possível também que eles não aceitem os alunos deficientes mentais em um estreito convívio em sala de aula. Tal fato pode causar "barreira atitudinal" devido às suas atitudes e preconceitos, conforme foi caracterizada por Amaral (2002), portanto, as relações interpessoais não favorecerão tais alunos. Pode ainda haver estigmas que se cristalizaram, levando os professores a persistir na ideia de que “alguns alunos são mais inteligentes ou mais bem-dotados que os outros”, problema que foi apontado por André (1999). Torna-se urgente captar essas situações.

Capítulo II. O Contexto e a Realidade Escolar

Se os estigmas se cristalizaram e se as relações interpessoais interferiram a ponto de favorecer ou não os alunos-adolescentes em suas necessidades e dificuldades, conforme indica a literatura, era interessante verificar essas situações no âmbito escolar. Assim busquei conhecer e compreender concepções que professores têm a respeito de alunos-adolescentes (deficientes mentais) incluídos nas classes de 5ª a 8ª séries do ensino regular, em uma escola do Ensino Fundamental, da rede estadual. Optei pela abordagem qualitativa que tanto contempla a análise interpretativa dos dados coletados como pode revelar os significados atribuídos pelas pessoas às suas ações e interações.

As características básicas da pesquisa qualitativa, segundo Lüdke e André (1986), podem ser assim resumidas: a pesquisa qualitativa tem o ambiente natural como sua fonte direta de dados e o pesquisador como seu principal instrumento. Os dados coletados são predominantemente descritivos, e desse modo, no presente estudo, contemplo: observação, depoimentos escritos e entrevistas, que permitiram caracterizar o contexto escolar e registrar as falas dos participantes. Os "significados" que as pessoas dão às coisas e à sua vida são focos de atenção especial pelo pesquisador que busca "capturar a perspectiva dos participantes", na pesquisa. Procurei conhecer as concepções dos professores sobre alunos adolescentes, com deficiência mental; com o objetivo de analisar essas concepções, detectar se há dificuldades nas relações interpessoais professor/alunos e verificar de que ordem são essas dificuldades.

Na sequência, descrevo o interessante contexto da cidade e a escola-alvo do estudo, com suas características, assim como aos sujeitos participantes, para depois descrever e analisar seus depoimentos da fase inicial, assim como na revisita no ano de 2010.

2.1 A cidade e a escola-alvo da pesquisa

Para justificar meu interesse no estudo de uma escola da rede pública estadual paulista, é importante localizá-la no município no qual se insere. Vizinho à cidade de São Paulo, em 1996 esse município possuía 3.141 pessoas com deficiência, das quais 21% (ou 659) eram classificadas como deficientes mentais. Essas informações foram coletadas na publicação dos resultados do censo realizado pela Comissão Organizadora do Censo da Pessoa Excepcional - COCEPE, que utilizou as estimativas da Organização Mundial da Saúde (OMS). Conforme estes dados, 10% da população da cidade apresentava algum tipo de deficiência, conforme quadro publicado em 1996 [3].

I. Quadro com a estimativa ONU/OMS para o município

Deficiência	Porcentagem	Número Previsto
Auditiva	1,3	3.965
Mental	5,0	15.250
Visual	0,7	2.135
Física	2,0	6.100
Múltipla	1,0	3.050

Segundo esse censo, até 1996 a cidade possuía uma APAE – Associação de Pais e Amigos dos Excepcionais, e quatro classes especiais na rede estadual de ensino, que atendiam alunos deficientes. Além disso, 50 jovens portadores de deficiência eram transportados pela Prefeitura Municipal para escolas especializadas em cidades vizinhas.

O censo de 1996 revelou ainda que, das 310.848 pessoas residentes no município, 3.141 possuíam alguma deficiência. Destas, 2.642 possuíam apenas uma deficiência e 499 possuíam múltiplas deficiências, distribuídas conforme a descrição a seguir.

Diferentemente das estimativas da Organização Mundial da Saúde, OMS, publicadas pela ONU, que apontavam 50% dessas pesso-

3 Revista da Secretaria da Educação, Cultura, Esporte e Lazer, SECEL, n. 3, dezembro de 1996, p. 13, 21.

as como deficientes mentais e 20% como deficientes físicos, o Censo Municipal (1996) revelou que 40% dos portadores de deficiência eram DF (deficientes físicos) e 21% DM (deficientes mentais). Entre os 1.266 moradores que apresentam deficiência física, 49% eram pessoas que adquiriram tal deficiência somente após os 15 anos de idade, devido a acidentes de trânsito ou acidentes domésticos. Entre as pessoas com deficiência mental, 103 encontravam-se na faixa etária entre 10 e 14 anos de idade, e 85 deles entre 15 e 19 anos de idade, portanto na faixa etária compreendida pela adolescência: 10 aos 19 anos de idade, segundo a OMS.

Com base nos indicadores, o município instalou, a partir de 1996, um Centro de Atenção à Inclusão Social – CAIS, que atendia 169 alunos. O centro possui professores especializados e itinerantes que apoiam pedagogicamente os professores da rede municipal de Educação Infantil e das quatro unidades de Ensino Fundamental Municipal, que atendiam alunos da 1ª a 4ª séries.

Ao considerar que o Censo Municipal de 1996, apontava que das 659 pessoas com deficiência mental, apenas 18% frequentavam escola especial ou escola comum, e que nesse período, apenas 169 pessoas eram atendidas pelo centro de inclusão social, havia outro dado importante a ser revisto. Um total de 490 deficientes mentais não frequentava instituições educacionais na cidade. Neste caso, o número de deficientes mentais fora da escola era maior de que o atendido por ela até então. Qual seria a situação atual? A essas pessoas teria sido negada a progressão e o acesso ao II ciclo do Ensino Fundamental? Isso me incomodava, principalmente por trabalhar em um curso de Pedagogia como formadora de professores, que provavelmente lecionariam nas redes de ensino nessa cidade, os quais também tinham dúvidas quanto ao acesso e ao progresso dos alunos deficientes mentais, nas escolas regulares, principalmente, da 5ª a 8ª séries naquela época.

Busquei nos Censos Escolares de 2002 e de 2003, as informações do município em que se localiza a escola-alvo da pesquisa, e de acordo com o censo a cidade possuía escolas de duas redes de ensino – municipal e estadual. A rede municipal contava com escolas de 6 Ensino Fundamental e 36 escolas de educação infantil. Das escolas que ofereciam Ensino Fundamental, 5 eram de ensino regular e

1 para alunos com deficiência auditiva. A rede estadual era composta por 67 escolas de ensino fundamental (Censo Escolar, 2002, 2003).

No Ensino Fundamental, estavam matriculados, nas quarenta escolas estaduais[4], um total de 29.159 adolescentes, alunos que frequentam entre a 5ª a 8ª séries, no qual estavam incluídos 53 alunos com deficiências. Considerando-se ainda que a Diretoria de Ensino, naquela época (2003, 2004), contava com apenas um Assistente Pedagógico, responsável por entrar em contato com as escolas, e transmitir aos professores informações sobre a inclusão de alunos, com deficiência, cogitou-se que, provavelmente, tal procedimento não atingisse os objetivos do processo de inclusão e nem a demanda de informações requerida pela formação dos professores.

Atualizando algumas informações, segundo o Educacenso, em 2007, o Ensino Fundamental de nove anos, já estava instalado nas 67 escolas da rede estadual, que já aplicavam os nove anos de escolarização, no total de 10.038 alunos. Ainda de acordo com o Educacenso do (MEC, 2010/2011), a cidade de Diadema possuía em 2008, o número de 48 escolas municipais, com um total com 9.304 alunos no Ensino Fundamental e que na Educação Básica havia o total de 67.266, alunos em 67 escolas, da rede estadual.

Levantei também a informação que em 2010/2011, a Educação Especial atende em 4 escolas participantes, com um total de 463 alunos beneficiados, e, que na atualidade, no âmbito da rede municipal, da cidade são considerados com necessidades educacionais especiais aqueles alunos que, por apresentarem deficiência e distúrbio global do desenvolvimento (DGD) e que para aprender os conteúdos curriculares, requerem durante o processo de escolarização atendimento pela educação especial.

A partir da promulgação da Resolução CNE/CEB 02/2001, artigo 5º, o município passou a atender aqueles alunos com necessidades educacionais especiais que, durante o processo educacional, apresentarem: I. dificuldades acentuadas de aprendizagem ou limitações no processo de desenvolvimento que dificultem o acompanhamento das atividades curriculares compreendidas em dois grupos: a) aquelas não vinculadas a uma causa orgânica específica; b) aquelas relacionadas a condições, disfunções, limitações ou deficiências; II.

4 Consulta a Secretaria da Educação do Estado de S. Paulo em 30/10/2003.

dificuldades de comunicação e sinalização diferenciadas dos demais alunos, demandando a utilização de linguagens e códigos aplicáveis; III. altas habilidades/superdotação, grande facilidade de aprendizagem que os leve a dominar rapidamente conceitos, procedimentos e atitudes.

Muitos desses alunos com deficiência que são atendidos, atualmente no CAIS, Centro de Apoio à Inclusão Social, ou nos projetos de Educação Inclusiva nas escolas regulares do município, já recebem apoio pedagógico de professores especializados, denominados de professores itinerantes. Os alunos que pertencem às escolas da rede Estadual, já diagnosticados, especialmente do 6º ao 9º anos, do Ensino Fundamental recebem apoio de professores habilitados em Educação Especial, em Salas de Apoio Pedagógico, SAPEs, em várias escolas estaduais da cidade.

Mas, entre 2003-2004, não havia informações disponíveis sobre as concepções dos professores sobre os adolescentes com deficiência mental incluídos nas classes regulares de 5ª a 8ª séries, nem sobre suas necessidades e dificuldades, fato que reforçou minha opção pela pesquisa em uma das escolas da rede estadual para a pesquisa inicial, encerrada em 2004. Na revisita, ao estudo constatei que a unidade escolar passou a contar com uma Sala de Apoio Pedagógico a partir de 2009 e 2010.

2.2 Caracterização da escola "lócus" da pesquisa

A escola "lócus" da pesquisa pertence à rede estadual. Estava localizada na região central do município industrial de Diadema, vizinho à cidade de São Paulo. Funcionava em prédio antigo, sem acessibilidade, cedido ao Estado pela Prefeitura Municipal.

O prédio da escola compunha-se em um longo corredor, no qual estavam as portas de entrada da secretaria, da diretoria e da saleta do coordenador pedagógico. Nele, estavam também a sala de informática, os sanitários e as dez salas de aula. Na parte inferior, à esquerda do prédio, encontrava-se uma cozinha, com espaço para os adolescentes se servirem da merenda escolar. Na parte externa havia uma quadra esportiva, com divisa para uma das principais praças da cidade. O prédio não possuía galpão ou pátio para abrigar os alunos durante o período de intervalo de aulas, a não ser uma pequena cobertura adaptada, na entrada das salas de aula.

As matrículas na unidade no decorrer da pesquisa perfaziam um total de 1200 alunos da 5ª a 8ª séries, atual 6º ao 9º anos, e distribuíam-se em três períodos: matutino, vespertino e noturno, nos quais lecionavam 52 professores.

No período noturno funcionava também o curso de Educação de Jovens e Adultos (EJA). Frequentavam a escola, aproximadamente, 400 alunos por período, com 40 a 42 alunos por turma. Na escola havia cinco pessoas com deficiência: uma aluna com deficiência física, uma com deficiência auditiva e três alunos com deficiência mental, e também muitos alunos que apresentam dificuldades de aprendizagem, sem qualquer tipo de diagnóstico ou registro documental, além dos relatos orais efetuados pelos professores.

Assim, constatei que a aluna com deficiência física frequentava a unidade escolar e que havia total falta de acessibilidade no prédio. Por exemplo, os banheiros não possuíam adaptações necessárias para receber cadeirantes e deficientes físicos, assim como as portas de entrada e dos demais recintos do prédio apresentam o padrão comum (0,80 m de largura), o que dificultava a passagem de cadeiras de rodas e interferiam na locomoção dos alunos que usam aparelhos ortopédicos, e exigia maior atenção dos professores.

A rua de acesso à escola possuía um declive acentuado e o terreno em que se encontrava a edificação era bastante acidentado. Foi necessária a construção de rampas acopladas a degraus para se chegar à porta de entrada. Na entrada externa, havia escadas que dificultam a locomoção e a acessibilidade dos alunos.

Os alunos provinham de diferentes bairros próximos ao centro da cidade e davam preferência a esta unidade escolar em virtude da existência de inúmeros projetos interdisciplinares: visitas à exposições de arte, dança, jogos e apresentação das produções dos alunos em feiras culturais.

A realização de atividades, nas quais se incluem exposição de materiais produzidos pelos próprios alunos, é um dos pontos altos da programação efetuada pelos professores, assim como outras oportunidades de ida ao teatro ou visitas a museus para participação em oficinas culturais.

A partir do ano de 2009, a escola-alvo da pesquisa transferiu-se para um prédio novo e acessível, no qual há elevador, rampas e corrimão, e que foi construído pelo governo estadual, fora do centro da cidade de Diadema, o qual foi visitado, em 2010, para observações e entrevistas, que completam esse estudo no novo cenário.

2.3 Os dados da realidade escolar

Efetuada a revisão bibliográfica a respeito da temática abordada, preocupei-me em levantar dados sobre a escola-alvo da pesquisa, seus professores e a concepção desses professores sobre os alunos adolescentes com deficiência mental. Para coletar essas informações estabeleci uma sequência e notei que seria necessário descrever a cidade em que se encontra a unidade escolar da rede estadual, pois obtive informações de que a cidade realizou um Censo Municipal, publicado no ano de 1996 e, a partir delas, busquei outras tantas nos resultados do Censo Demográfico (2000) e Censo Escolar (2002 e 2003), que me permitissem explicar algumas situações vinculadas à escola[5], seus professores e, principalmente, aos alunos-adolescentes ali existentes.

Constatei que dos 52 professores da escola que responderam de forma escrita às questões da primeira fase da pesquisa, somente 16 trabalham nas turmas em que estavam inseridos os alunos com deficiência, sendo que todos possuíam formação superior completa, com a licenciatura específica concluída. Os mais jovens concluíram o curso em 1996. Ainda que os professores tivessem, no mínimo, sete a oito anos de experiência, em lecionar para adolescentes, em suas salas de aula, estes não se julgavam ainda preparados para trabalhar

5 Foram realizadas observações em salas de aula que mostraram haver um total de 52 docentes que lecionam nos três períodos de aula. Decidi manter um maior contato com aqueles que permanecem mais horas na unidade escolar, visto que esse grupo é composto por 16 professores que se encontram em contato direto com os alunos com deficiências: lecionam para adolescentes de modo geral e para os adolescentes deficientes mentais, que neste trabalho serão denominados alunos-adolescentes. Foram colocados nomes fictícios ao final dos depoimentos de cada um dos professores.

com os alunos deficientes, que haviam sido incluídos nas classes regulares de 5ª a 8ª séries dessa escola desde 2001.

Nos contatos pessoais com esses docentes, percebi que reivindicavam conhecimentos específicos e aprofundamento de estudos, o que lhes permitiria ampliar a própria formação para trabalhar com esses alunos, assim como realizar um projeto de inclusão que obtivesse resultados satisfatórios. Somente a partir de 2009 e 2010, já no novo prédio escolar, incluiu-se uma Sala de Apoio Pedagógico, cuja professora especializada será entrevistada aos revisitarmos a pesquisa.

No questionário informativo inicial foram colocadas algumas questões sobre a utilização das horas de lazer e da preferência de leitura. Ressalte-se que o item leitura aparece como terceiro na ordem de escolha, citado por 10 dos 16 docentes. O ato de assistir à TV, também constituía a primeira escolha para uso das horas de lazer desses professores.

Dado que os professores pertencem ao grupo social que trabalha com a educação formal e, portanto, com os elementos culturais, é importante evidenciar o fato de que apenas quatro deles (25%) assinalaram que têm como hábito de lazer a ida a teatro e museus, enquanto que 13 deles, ou a maioria, elegeram como atividade de lazer assistir à televisão.

Neste último caso, a comunicação por meio da TV deve, evidentemente, exercer certa força sobre esse grupo social e, até mesmo, pode influenciá-lo quanto às concepções sobre o adolescente e o adolescente deficiente. A resposta do grupo à questão específica sobre a preferência ao tipo de leitura que utilizam indicou que a maioria ou 75% buscam a literatura em geral e 25% as revistas científicas.

Dos 16 professores, apenas 4 declaram ler revistas científicas e um deles usa livros técnicos para preparar suas aulas. Esse professor já trabalhou em uma Organização Não-Governamental (ONG), que mantém uma escola especial, na qual lecionou para adolescentes com necessidades educacionais especiais.

Os contatos iniciais ocorreram com todos os 52 professores da escola durante as observações em aula, assim como nas reuniões do horário de trabalho pedagógico. A aproximação maior com o grupo de 16 docentes, que lecionavam para alunos com deficiência, e foram escolhidos como sujeitos de pesquisa, deu-se durante as visitas semanais em que permaneci em salas de aula e na sala dos professores. Nesses contatos, foram estabelecidas algumas negociações para minha permanência nas dependências da escola, para a gravação das entrevistas após o horário das aulas.

Nessa primeira fase da pesquisa acompanhei muitas atividades realizadas na própria escola, fotografando-as[6]. Notei o gosto com que professores e alunos participavam das propostas. Alguns professores mencionaram a existência de projetos interdisciplinares realizados ao longo do ano. Foram vários os convites para participar de eventos, os mais variados. Participei de reuniões de planejamento, de reuniões de pais e de professores na Hora de Trabalho Pedagógico Coletivo (HTPC). Dessa forma pude me aproximar dos professores, da realidade social da escola e dos alunos com os quais eles conviviam, efetuando, posteriormente, um registro escrito dessas observações.

A coleta de dados foi feita em duas fases. Na primeira, foram obtidos dados pessoais sobre os participantes, por intermédio de questionário informativo (Anexo I), com respostas escritas pelos professores.

Na segunda coleta, os participantes foram informados de que o interesse ou foco da pesquisa seria a percepção dos professores sobre alunos-adolescentes, bem como suas necessidades e dificuldades ao trabalharem com tal alunado. Desses dados seriam levantados elementos que pudessem vir a contribuir na formação de professores. As mesmas questões foram aplicadas na entrevista com a professora especializada, da Sala de Apoio Pedagógico, ao retomar o estudo no ano de 2010.

Tanto na época da pesquisa de doutoramento quanto ao revisitar o estudo esclareceu-se, também, que os professores poderiam construir um texto único corrido com suas respostas. Após a leitura das respostas dos professores, considerou-se interessante separar as percepções sobre os alunos com e sem deficiência, a fim de se estabelecer um critério para a segunda fase, com a gravação das entrevistas, que foram transcritas.

No exame das frases dos docentes, salientou-se a referência ao

6 Algumas fotos acompanham a caracterização da escola, assim como outras efetuadas em 2010, referem-se à revisita ao estudo. Os professores serão citados com nomes fictícios.

período caracterizado pela adolescência como de difícil transição entre a infância e a idade adulta. No que se refere aos alunos-adolescentes, destacou-se a frase: "seria maravilhoso poder ajudá-los a se desenvolver" (parece que não se acreditava nessa possibilidade). Notou-se ainda a importância dada pela maioria (ou 13 dos 16 participantes) ao fato de que todos os adolescentes, com ou sem deficiência, "*precisam de muita atenção*". As frases que mais se destacaram foram reunidas e para isso elaborou-se o quadro abaixo:

II. Quadro: Percepções iniciais dos professores de 5ª a 8 ª séries, sobre os adolescentes sem e com deficiências

Adolescentes sem deficiência	Adolescentes com deficiência
Adolescentes se desenvolvem de forma diferenciada. É uma fase difícil. A fase de adolescente é uma época um pouco chata de entender, às vezes, há um pouco de rebeldia. Fase de desenvolvimento muito difícil. Fase inevitável, mas muito difícil para uns e menos para outros Vejo que o desenvolvimento apresentado é um puro reflexo da família. Envolve mudanças físicas, biológicas e, em decorrência, também alterações no comportamento. Precisam de muita atenção.	Seria maravilhoso poder ajudá-los a se desenvolver. Acho pertinente a inclusão do adolescente portador de deficiência. O próprio aluno não se sente tão bem (na escola). Porém, para se evitar a exclusão, creio que seja esse o melhor caminho. Os adolescentes não são responsáveis por seus atos, deixando-os, assim, em uma situação muito tranquila (não responsáveis em relação às leis, pois são os pais que respondem por eles). Incluí-los facilita a aprendizagem e o seu desenvolvimento psicossocial. Precisam de muita atenção.

Fonte: Dados do questionário aplicado.

As frases pertencem a diferentes professores e de alguma maneira mostram que há diferenças nas percepções quando se trata de adolescentes com e sem deficiência. Na distinção, abordam o desenvolvimento físico-biológico, o comportamento, a família, a inclusão, aspectos que serão posteriormente analisados com mais profundidade, porém é importante notar um ponto comum: todos os alunos são percebidos como aqueles que "precisam de muita atenção".

Essa análise preliminar ajudou a definir os critérios para a escolha dos docentes que participariam das entrevistas. Foram escolhidos professores que lecionam as diferentes disciplinas do currículo e também permanecem o maior número de horas na unidade escolar; e os que se destacaram no questionário inicial por suas considerações e preocupações específicas com os alunos-adolescentes com os quais têm experiência em suas salas de aula. A partir daí, foram organizadas entrevistas semiestruturadas no decorrer de um mês, em diferentes dias da semana (terça-feira, quinta-feira e sábado), sem a presença de alunos ou de outros docentes para a tomada dos depoimentos que foram devidamente gravados.

Na segunda fase da pesquisa, foram feitas entrevistas individuais com 5 dos 16 professores participantes. Dois deles possuem apenas a formação em licenciatura específica (Matemática e Ciências Biológicas); outro, além da graduação em sua área específica (Educação Física), concluiu o curso de Pedagogia. Salientaram-se, ainda na primeira fase, dois outros professores que têm experiência com alunos com necessidades especiais: um deles é professor de História e Geografia referido neste texto, que já lecionou para pessoas com deficiência mental; e outro, que leciona Língua Portuguesa e também é formado em Pedagogia. Este professor buscou um curso de habilitação em Educação Especial para atender às suas necessidades pedagógicas com os alunos-adolescentes.

As entrevistas foram realizadas em uma sala de aula, no horário livre do professor. Embora tenha sido solicitada autorização para gravar o depoimento, procurou-se deixar o sujeito à vontade, inclusive na revisita ao estudo, em que foi incluída entrevista com a professora especializada que atua na Sala de Apoio Pedagógico.

Capítulo III. Relações Interpessoais e Professores de Adolescentes com Deficiência

A partir das questões formuladas para 16 professores de classes regulares da 5ª a 8 ª séries, de uma escola pública do Ensino Fundamental, da rede Estadual, na cidade de Diadema, sobre sua relação com alunos-adolescentes; as principais necessidades dos alunos deficientes mentais que frequentam o ensino regular; e as maiores dificuldades encontradas em integrar e incluir esses adolescentes em suas aulas, em classes do ensino regular, buscou-se levantar quais suas concepções sobre os alunos-adolescentes nessas classes regulares.

As respostas foram analisadas a partir de seu conteúdo, abrangendo temas como: inclusão dos adolescentes nas classes regulares, necessidades e dificuldades dos professores, preconceitos e medos.

3.1 Inclusão dos adolescentes nas classes regulares

As opiniões referentes à inclusão dos alunos-adolescentes nas classes regulares foram classificadas como: favoráveis, parcialmente favoráveis e desfavoráveis:

a) opiniões favoráveis:	3 professores
b) parcialmente favoráveis:	5 professores
c) opiniões desfavoráveis:	8 professores

Questões de infraestrutura também foram citadas. Estas se referem à falta de condições do prédio escolar, devido à falta de acessibilidade interna e externa, devido à existência de rampas acopladas a degraus, além da falta de sanitários adaptados.

Foi apontada também a carência na estrutura pedagógica, ou seja, falta de conhecimentos específicos sobre a deficiência mental e outras necessidades especiais.

É significativo o dado referente às dificuldades mencionadas por todos os respondentes para trabalhar com adolescentes com deficiência mental ou com outras necessidades especiais. Também foi unânime a opinião dos 16 integrantes quanto ao despreparo dos professores para lecionar para os alunos em questão. Preconceitos e estigmas foram citados por 13 dos 16 participantes. Destes, 8 abordam os preconceitos e estigmas, 5 se contradizem ao comentar o tema e, apenas 3 se colocam em posição de aceitação e têm outros pontos de vista sobre o assunto, que serão, posteriormente, comentados e analisados.

No contexto da escola, o papel dos professores foi colocado em destaque nos depoimentos dos participantes. Foi considerado um papel de difícil execução pela totalidade dos professores, que se sentem despreparados e com dificuldades, necessitando de orientações.

Os 16 professores expressaram suas concepções sobre a inclusão e integração dos alunos-adolescentes através de palavras ou frases para designar sua concordância e discordância. Há os que concordam parcialmente e, entre esses, os que salientam a situação de obrigatoriedade inscrita na legislação educacional. Alguns se contradizem ou citam suas próprias dificuldades, como se observa nos depoimentos a seguir:

> Acho pertinente a inclusão do adolescente portador de deficiências, visto que ele também tem direito à Educação, assim como o aluno não portador de deficiências. Também penso que esse aluno deve ser acompanhado por pessoas especialistas (psicólogo e psicopedagogo) para auxiliar nas eventuais dificuldades que ele possa ter no Ensino Regular. Falta preparo e segurança para tratar com os alunos portadores de deficiência [Alda].

> Sinto que o próprio aluno não se sente tão bem. Não sei até que ponto isso lhe deixa mais confortável. Porém, para se

> evitar a exclusão, creio que seja esse o melhor caminho. É quase impossível lidar com as realidades tão complexas que cada um oferece ao professor [Ana C.].

Ao considerar as necessidades e dificuldades para trabalhar com os adolescentes deficientes mentais em suas salas de aula, os 16 entrevistados discutem o "papel do professor" em palavras ou frases como: "despreparo", "falta de preparo pedagógico ou técnico", "medo", "trabalho difícil", "falta de informações", "falta de acompanhamento", "falta de preparo e segurança".

Na análise dos dados, optei pelas informações contidas no questionário inicial sobre a formação do professor, uso das horas de lazer e de leitura, e pelas observações feitas em sala de aula para definir aqueles professores que seriam entrevistados. À medida que as informações sobre a formação dos professores foram cruzadas com os depoimentos escritos e com as entrevistas, notou-se a riqueza de detalhes que permitem uma maior exploração e contraponto com as teorias e prática da sala de aula.

3.2 Concepções sobre adolescentes com deficiência

Nas concepções sobre os adolescentes com deficiência e necessidades especiais, alguns professores não assinalaram suas dificuldades nem as dos alunos. Nota-se que esses professores não teceram comentários sobre o desenvolvimento intelectual ou corporal dos alunos-adolescentes. Os professores também não mencionaram as alterações biológicas que normalmente apontam quando se trata do adolescente sem deficiência. Utilizaram a palavra "criança", repetidas vezes, quando costuma utilizar jovem ou adolescente para se reportar aos alunos dessa faixa etária, o que pode evidenciar as situações de infantilidade vividas por alunos-adolescentes no decorrer das aulas. Um dos professores utilizou cinco vezes o termo "criança" para referir-se àqueles que têm deficiência.

Uma das participantes, ao referir-se aos alunos deficientes, sugere que incluí-los auxiliaria o próprio desenvolvimento, que "seria maravilhoso ajudá-los a se desenvolver". Os depoimentos também revelam alguns preconceitos. Indicam que os alunos necessitam de ajuda, ou seja, que não são percebidos como pessoas que têm potencial para se desenvolver.

Outra participante aponta que existem preconceitos e que os alunos deficientes conseguem percebê-los. Afirma que em sala de aula "o próprio aluno não se sente tão bem" para estabelecer um contato com ela ou com os demais alunos.

Nas respostas, em forma de redação, os professores revelaram suas concepções sobre o comportamento dos alunos. Citam tanto os bons comportamentos quanto aqueles que interferem na sala de aula. Ao descrevê-los utilizaram combinações de palavras e expressões como: "*agressivos*", "*com agressividade*", que são registradas por três dos quatro professores de uma mesma disciplina. Há também outras formas de combinação como: "*rebeldia*" e "*rebeldia com agressividade*".

Um único professor ao responder sobre as suas dificuldades em integrar e incluir os adolescentes em suas classes regulares utilizou: "situação difícil, rebeldia, falta de cooperação, os alunos são agressivos, têm agressividade e dificuldade", para designar sua percepção sobre o significado da adolescência e da sua relação com os alunos com deficiência.

As diferentes frases utilizadas foram escritas nos depoimentos e permitiram comparar as dificuldades percebidas pelos professores na sua prática de sala de aula. Comparando-se as respostas dos professores, quanto ao desenvolvimento dos adolescentes que apresentam deficiência mental, construiu-se o quadro com algumas de suas concepções sobre essas dificuldades.

A seguir, estão, de forma comparativa, as "*dificuldades*" encontradas. Na primeira coluna, estão situadas as dificuldades de forma geral e, na segunda coluna, aquelas que se referem às relações interpessoais.

III. Quadro Dificuldades relativas aos adolescentes com deficiências, citadas por professores (5ª a 8ª séries) do ensino regular

Dificuldades múltiplas:	**Dificuldades nas relações:**
Como desenvolver os assuntos para que eles entendam Falta tempo para desenvolver atividades. Os adolescentes não são responsáveis por seus atos pois, são os pais que respondem por eles. A estrutura física dos prédios não os auxilia, pelo contrário os atrapalha. Salas superlotadas, o que dificulta o desenvolvimento de atividades específicas para esses alunos.	Em incluí-los. Não sei como agir com eles. Não sei como tratá-los. É difícil. Não sei como conversar com os pais sobre suas dificuldades. O que não devo fazer com eles. Pouca oportunidade para dedicar-me ao aluno em questão. Falta qualificação para tanto. Cada aluno na sua realidade, traz uma dificuldade física, psíquica ou emocional.

Fonte: Dados do questionário aplicado.

Na descrição das dificuldades de relacionamento apresentadas pelos 16 professores, na primeira fase da pesquisa, destacam-se as frases sobre os alunos-adolescentes. Antes de comentá-las, procurei organizá-las no quadro a seguir:

IV. Quadro Relacionamentos

Entre os Adolescentes	Entre os Professores e os Alunos-Adolescentes
Alguns são fáceis; outros, difíceis. Os adolescentes tornam-se agressivos por se sentirem fora dos padrões estipulados pela sociedade. Os adolescentes estão em conflito, pois não têm oportunidade de estudar e de trabalhar. Os adolescentes têm dificuldade em demonstrar seus reais sentimentos.	É difícil falar do relacionamento. É difícil falar sobre o adolescente. A maior dificuldade está na falta de formação pedagógica. Há falta de limites. Não sabem o que é certo e o que é errado. Os alunos-adolescentes têm atitudes infantis. Os professores não estão preparados para trabalhar com alunos-adolescentes. Os professores se sentem culpados, frustrados.

Fonte: Dados do questionário aplicado.

Tais dificuldades dizem respeito tanto aos problemas ambientais da sala de aula quanto à falta de tempo para se trabalhar com atividades durante as aulas. Estão agregadas a essas, dificuldades de falta de qualificação e preparo para lecionar, e outras, que os professores alegam ir além das dificuldades de ordem física, visto que são emocionais. Eles justificam que os professores se perturbam com o fato de não saberem o que fazer, como agir com os alunos e até mesmo como estabelecer um contato interpessoal com os alunos-adolescentes e seus familiares, pois não sabem como abordar o assunto. É difícil para eles estabelecerem um ponto de partida para o trabalho de inclusão.

No quadro anterior, as dificuldades e emoções percebidas no dia a dia são apresentadas em duas subcategorias: relacionamento interpessoal entre os adolescentes e entre os professores e com os adolescentes com deficiência mental. Na análise dos depoimentos, nota-se a grande dificuldade encontrada nas relações interpessoais entre os professores e seus alunos. Há fortes emoções registradas como: "os adolescentes são agressivos" e "os professores se sentem culpados, frustrados". Percebe-se que os vínculos afetivos não foram estabelecidos, provavelmente, devido ao medo internalizado e às dificuldades em manter a disciplina. A noção de boa disciplina também parece ser a capacidade de ter boas relações interpessoais, pois elas podem interferir no processo ensino-aprendizagem e afetar o controle sobre os alunos.

Parece que o controle exercido pelo professor sobre os alunos, em especial quando se trata de deficientes, é visto como altamente necessário para manter-se a disciplina (entendida como bom comportamento dos alunos). Se os adolescentes deficientes mentais não sabem o que é certo ou errado, conforme afirma um dos entrevistados da pesquisa, são às vezes incapazes de perceber a necessidade de organização e disciplina na sala de aula. Isto é considerado pelos professores como agressividade.

Segundo as teorias estudadas, acredita-se que se deva dar oportunidade de expressão e afirmação dos sentimentos e da autoestima, pois estas proporcionariam melhores relações entre adultos e jovens. Essas relações poderiam acontecer em "atividades que valorizem a autoestima, a afirmação, a intelectualização, a fantasia, a ação e a expressão de sentimentos" (ABERASTURY, 1992). Porém, à medida que se registra nos depoimentos que "os professores se sentem culpados", também é de supor que muitas atividades que poderiam proporcionar melhor comunicação nas relações interpessoais não devem ter ocorrido, o que lhes causava mal-estar.

A falta de um bom relacionamento interpessoal pode, muitas vezes, interferir na realização de atividades e na comunicação entre o adulto e o adolescente. Isso parece criar um certo clima emocional que impede a concentração e a atenção dos jovens aos temas desenvolvidos no decorrer das aulas. Mas os professores não se dão conta de que certos alunos com deficiência têm dificuldades de realizar tarefas que exigem atenção e um raciocínio rápido, nem que tais alunos precisariam de um tempo maior para resolver as atividades propostas. Na falta dessa compreensão, o docente distancia-se do aluno, pois se culpa por sua falta de habilidade em ensinar, ao mesmo tempo em que culpa o aluno por não conseguir aprender.

O clima era de frustração. Isso cria barreiras que, embora não se apresentando no nível da consciência, causavam frustração ao professor. A existência da "barreira atitudinal" o afastava do adolescente deficiente e das suas próprias dificuldades. Indiretamente há uma influência no relacionamento e na comunicação entre ambos, o que pode, ou não, ser percebido pelos demais alunos, mas que certamente permitiu que um dos professores entrevistado afirmasse: "Os adolescentes tornam-se agressivos por se sentirem fora dos padrões estipulados pela sociedade".

Certamente, os "padrões estipulados pela sociedade" dizem respeito ao padrão idealizado de aluno que aprende rápido e com facilidade. Também denotam os preconceitos sociais em relação àqueles alunos que têm dificuldades para aprender.

Nos depoimentos colhidos na primeira fase da pesquisa, ao escrever ou falar sobre seu relacionamento com adolescentes, muitos professores não responderam de forma direta, descreveram-no como se estivessem de fora da ação, apenas observando-a. Dos 16 participantes, apenas 3 professores (18,75%) citaram as palavras "relação" e "relacionamento" em sua redação. a seguir estão as frases utilizadas por eles:

> Em meu relacionamento procuro respeitar a fase que os alunos estão atravessando (Ariane).

> Costumo ter uma boa relação com adolescentes, tento ser sincera com todos aqueles que tenho contato, porém sem ser agressiva (Cleusa).

> Quanto à minha relação com o adolescente, é boa, pois procuro sempre estar conversando, orientando na medida do possível (Santina).

Embora esses três depoimentos sejam de professores que se sentem mais à vontade para falar sobre os adolescentes sem e com deficiência, desejo ressaltar que a percepção de dificuldades de relacionamento interpessoal, que abordei na análise inicial da própria escola, também foi alvo da apreciação de 13 dos professores que participaram desse mesmo grupo, o que é bastante significativo, dado o total de 16 participantes.

Há problemas específicos de cada área. Nesse sentido, procurei reunir os depoimentos de grupos de professores que lecionam uma mesma disciplina, como, por exemplo, os dos professores de Matemática e os de Língua Portuguesa, que comento a seguir.

3.3 Dificuldades dos professores de Matemática

Ao destacar os registros dos professores da área de Matemática, no total de 4 dos participantes da pesquisa, salienta-se que esses designam a adolescência como: "1) fase difícil, 2) situação difícil, 3) época chata de entender, 4) onde faltam regras e falta cooperação". Na percepção desses professores, os adolescentes apresentam: "contradições, mudanças físicas, falta de responsabilidade, alterações de comportamento e rebeldia" (citada por duas professoras). Relaciono, a seguir, as frases utilizadas por uma dessas professoras:

> Além dos mais, há falta de cooperação dos demais alunos que muitas vezes não têm vontade e realismo em lidar com os devidos colegas, o que gera muitas vezes, a agressividade, a falta de vontade e tentativa de realismo dos alunos (Elenir).

A falta de realismo, ao qual a professora se refere, tem a ver com a falta de cooperação, constatada por ela entre os alunos de modo geral, pois alguns se negam a trabalhar em duplas ou em grupo e a ajudar colegas. Porém, no que se refere à falta de vontade dos alunos-adolescentes, parece haver um equívoco. Trata-se, muitas vezes, de falta de compreensão de um determinado conteúdo que deveria ter sido trabalhado anteriormente ou que deixou de ser tratado em aula, o que impede uma sequência de raciocínio das operações matemáticas. Outras vezes, trata-se da resolução de problemas que possuem uma sequência lógica e que, talvez, não tenham sido suficientemente explorados, de forma concreta e depois abstrata, pelo professor.

Uma das professoras de Matemática observa que os adolescentes com deficiência mental têm dificuldades de realizar atividades e, além disso, não conseguem se ajustar aos demais alunos. Segundo ela, eles são "*postos de lado*", são rejeitados e se defendem de forma agressiva. Argumenta, ainda, que eles se sentem deslocados e colocam os professores em situações difíceis e contraditórias, como descreve:

> Sinto-me deslocada e com muitas dificuldades. Já que o aluno está frequentando o ensino regular e muitas vezes se rebela e nos coloca [professores] em situações difíceis e muito complicadas porque não conseguem efetuar e realizar suas atividades. Ficam totalmente deslocados já que existem muitas contradições e muitas dificuldades na integração e participação no dia a dia (Helenice).
>
> Além do mais, os outros alunos rejeitam "esses" alunos, colocando-os em situações constrangedoras, colocando-os de "lado", como um objeto, o que muitas vezes os fazem sentir-se rejeitados. Então, deixam o estudo de lado como uma forma de repressão e tornam-se agressivos ou seres humanos difíceis de lidar (Helenice).

A professora Luisa, que também leciona Matemática, parece encontrar muita dificuldade com os alunos deficientes. Atribui a eles, além da falta de cooperação, agressividade e falta de responsabilidade:

> Os adolescentes estão ficando cada vez mais largados, sem responsabilidade e agressivos. Está faltando responsabilidade dos pais em relação ao adolescente, porque eles os colocam em uma escola e acham que já é o suficiente, está faltando um pouco de regras para que eles criem responsabilidades. Este aluno é jogado em sala de aula e nós até agora não fizemos nenhum curso (OT – orientação técnica), para que possamos atingir de alguma maneira este aluno. Estamos sem saber o que fazer (Luisa).

As contradições existentes em seus relatos impedem que os professores percebam que a falta de cooperação é apenas um dos argumentos para a falta de um bom relacionamento pessoal. Se houver falta de cooperação e de um bom relacionamento entre os professores e os alunos, acrescidos de "barreiras atitudinais", os alunos com deficiência poderão ser discriminados como incompetentes para aprender; o que, certamente impede a construção de conceitos e novas aprendizagens. Isto parece ocorrer por se considerar que esses alunos são: irresponsáveis, incapazes de construir conceitos científicos e de serem inseridos no ambiente escolar comum.

Essa situação de segregação contraria o que cientificamente foi proposto por Vygotsky (1997) ao indicar que os jovens em seu período de adolescência devem ser orientados e ao mesmo tempo exigidos para que consigam ampliar suas funções psíquicas superiores. Portanto, à medida que os alunos com deficiência mental não forem aceitos no ambiente escolar e houver "*separação da coletividade*", poderão ocorrer também dificuldades no desenvolvimento social, que por sua vez, segundo aquele estudioso, "determina o desenvolvimento incompleto das funções psíquicas superiores".

Assim, penso que, através de uma ação pedagógica que exerça influência sobre essas pessoas, deverão ser realizadas atividades coletivas aplicadas às pessoas com atraso mental, que "desenvolverão de forma colaborativa, primeiro a função da conduta coletiva, como forma de interação, e depois a conduta individual", o que provavelmente não vem sendo levado em conta na sala de aula.

Embora coloque a adolescência como fase difícil, um professor de Matemática afirma que possui um ótimo relacionamento com os alunos, porém se sente despreparado em relação aos alunos-adolescentes e afirma: "Todo ano eu rezo para que não tenha alunos com deficiência mental em minhas turmas, pois não sei bem o que fazer com eles para que compreendam o que será ensinado" (Aleixo).

Tal professor foi observado em atividades de sala de aula e, ao contrário do que escreveu em seu depoimento, é exigente com os alunos e mostrou-se melhor preparado e capacitado do que os outros para lidar com os problemas apresentados em aula. Demonstrou maior aproximação com os alunos-adolescentes e, por esse motivo, foi escolhido para participar da segunda fase das entrevistas.

3.4 Dificuldades dos professores de Língua Portuguesa

Uma das grandes cobranças feita por professores que lecionam nessa escola, bem como por aqueles que participaram da pesquisa, diz respeito à aprendizagem da leitura e escrita, considerada por eles como uma das dificuldades que interfere em todas as disciplinas. Neste momento, é importante comentar o que disseram os 5 professores que têm formação em Letras, e exercem sua função na escola como professores de Língua Portuguesa. Três deles registraram as dificuldades encontradas com e pelos alunos-adolescentes, e julgam que não lhes cabe alternativas, pois se tratam de questões de ordem social e familiar.

É interessante registrar que também estes professores utilizaram a palavra "*dificuldade*", porém referindo-se às *famílias*. As famílias são citadas como pouco envolvidas com os problemas de seus filhos, o que cria outras dificuldades pedagógicas. Um dos professores afirma que:

> Os adolescentes se desenvolvem de forma diferenciada, pois isto dependerá do convívio sociocultural e dos valores passados pela família. O desenvolvimento apresentado é puro reflexo da família e, nesses casos, para aqueles alunos que apresentam desenvolvimento "lento e perturbado", a família vem ao encontro do professor para pedir ajuda (Nora).

Ao manter a concepção de que esse aluno adolescente tem um desenvolvimento "lento e perturbado" e que nada se pode fazer para conseguir uma mudança dessa situação, concretiza-se o estigma sobre os adolescentes com deficiência. A professora também estranha o pedido de ajuda efetuado pela família, que é encarado como impossível de ser satisfeito, pois depende de informações sobre as diferentes necessidades especiais, orientações para serviços de apoio, acompanhamento médico e tratamentos que fogem à competência da escola.

Os professores se sentem despreparados pedagogicamente, para tratar dessas situações, conforme descreveram. Excetuam-se aqueles que, a partir de um melhor relacionamento interpessoal com os alunos, conseguiram efetuar negociações com eles e com os pais; atualizaram-se para responder às necessidades dos alunos, prepararam-se pedagógica e socialmente para uma melhor comunicação no interior da escola.

Essa comunicação pode proporcionar, aos alunos, o acesso e domínio dos instrumentos de mediação, o que exige cooperação de outros alunos e orientação do professor.

Se o professor desconhece essas teorias que lhe possibilitariam intervir no desenvolvimento proximal dos alunos deficientes ou de qualquer outro aluno, de modo a interferir na construção de seus processos mentais, provavelmente, desconhece que através de uma parceria entre o professor e seus alunos pode realizar atividades que favoreçam a formação de conceitos, assim como ampliar o desenvolvimento social e a aceitação desses pelo grupo.

Provavelmente, conforme se afirmou anteriormente, nem todos os professores valorizam a "mediação" que realizam ou que deveriam realizar para fazer uso das pedagogias diferenciadas em sua prática pedagógica. Essa diferenciação poderia proporcionar oportunidades de desenvolvimento da leitura e escrita e alcance do sucesso escolar a todos os alunos.

Nas citações das dificuldades, observa-se que outro professor de Língua Portuguesa afirma que as dificuldades são várias ao lidar com os alunos-adolescentes e com adolescentes de forma geral. Entre tais dificuldades, o professor exemplifica situações de sua prática de sala de aula e questiona: "Como fazer com que o aluno entenda o que está sendo proposto através de atividades, e da maneira que ele melhor compreenda ?". Além disso, chama a atenção quanto às atitudes a serem tomadas pelo professor, ao apontar que "esse tem que lidar com o comportamento do aluno de modo que o mesmo não se altere, porque se isto acontecer, não se sabe que atitude tomar".

Para discutir essa questão apontada pelo professor de que "não se sabe que atitude tomar" ao lidar com os comportamentos dos alunos buscam-se, mais uma vez, as relações interpessoais, pois estas se constituem de um sistema conceptual, segundo o qual o desenvolvimento da personalidade é determinado, primordialmente, pelo comportamento social e pelas relações psicológicas entre as pessoas. Isto ocorre em função do ambiente, do status e do papel exercido, nos quais há os mediadores da comunicação e da linguagem no processo de constituição dos sujeitos.

A mediação ao ser exercida pelos professores de Língua Portuguesa pode propiciar parcerias e cumplicidade se o docente souber intervir e criar através de suas atitudes um ambiente acolhedor no qual se estabeleçam regras e confiança, gerando aprendizagem. Haveria, então, uma troca interpessoal entre professor e alunos e uma transformação dos sujeitos da relação, conforme demonstraram os estudos de Almeida (2002). Mas essa troca não foi percebida no relacionamento de alguns dos professores pesquisados.

Há uma explicação científica que, nesse aspecto, escapa ao conhecimento desses professores, o que foi explicitado por um deles ao apresentar suas dificuldades na frase: "O professor tem que lidar com o comportamento do aluno de modo que o mesmo não se altere, porque se isto acontecer, não se sabe que atitude tomar". Certamente ele desconhece que as habilidades de relacionamento interpessoal são aprendidas e desenvolvidas no viver junto, conforme propõe a autora mencionada e nesse caso, deveriam ser construídas no dia a dia, na relação do professor com os alunos-adolescentes, possibilitando a transformação das relações e a ocorrência da aprendizagem.

Assim, trata-se de um trabalho com os conhecimentos científicos, mediado pelo professor a longo prazo, e que requer tempo e paciência para trabalhar com o ritmo de aprendizagem individual, pois envolve o grau e a amplitude de seu conhecimento no trato com as emoções, com os conhecimentos, com a aprendizagem e com as dificuldades apresentadas pelos alunos.

Deste modo, nas afirmações anteriores "de modo que o mesmo não se altere" porque "se isto acontecer não se sabe que atitude tomar", o próprio professor citou, indiretamente, que há "falta de preparo do professor" para exercer a docência e lidar com alunos, sejam eles pessoas com ou sem deficiência.

Destaca-se entre os depoimentos dos professores de Língua Portuguesa uma professora com formação em Letras e Pedagogia, que, devido às dificuldades encontradas, procurou um curso de especialização na área da deficiência que lhe proporcionasse informações mais adequadas para o trato com alunos com necessidades especiais, que estão incluídos na escola, com os quais pudesse trabalhar com as pedagogias diferenciadas. Esse depoimento será, portanto, apresentado ao final dos demais como "um caso em destaque".

3.5 Professores e suas Relações Interpessoais

Na segunda fase da pesquisa, os cinco professores entrevistados retomam a questão das relações interpessoais. Para explorá-las, utilizo, a seguir, as principais frases desses professores.

Uma das entrevistadas é professora de Ciências e Biologia, enfrenta situações complexas com adolescentes com deficiência mental, mas tem um bom relacionamento com eles, o que lhe permite afirmar que:

> Costumo me dar muito bem com os adolescentes. E eu não sei se é porque eu costumo brincar muito com eles todos. Eles costumam me contar os problemas e eu tenho essa liberdade de falar na mesma linguagem com eles (Ariane).

Esta professora utiliza-se do bom relacionamento para intervir no processo de aprendizagem dos alunos. Ela trouxe os pais para assistir a algumas aulas para melhorar a convivência. Sentiu, nessas ocasiões, que os pais têm grande dificuldade em aceitar as limitações de seus filhos. Muitas vezes, os problemas que interferem em suas aulas são de ordem familiar, a falta de diálogo entre pais e filhos, e a professora, ainda bastante jovem, procura estabelecer uma linguagem mais próxima àquela usada pelos adolescentes. Com certa segurança afirma:

> Eles me procuram quando precisam de uma pessoa mais velha para conversar. Vejo que eles me enxergam assim como uma tia que não está muito distante, mas, que também não está tão próxima quanto o colega ao lado (Ariane).

Ao abordar as dificuldades com os alunos-adolescentes, em sala de aula, ela ressaltou em seu depoimento inicial que sentia múltiplas dificuldades, entre elas: "Como desenvolver os assuntos para que eles entendam, e como avaliá-los".

Diz ainda que se ressente da falta de informações sobre os alunos que têm deficiência e que essas dificuldades se estendem um pouco mais quando procura informações com as pessoas que deveriam, pela própria formação e experiência, já saber orientá-la. Entretanto, segundo seu depoimento, "estas também são inseguras em relação ao assunto" (Ariane).

Na concepção externada no depoimento anterior, a professora se refere tanto aos colegas de profissão, que exercem a função há mais tempo que ela, como àqueles que ocupam outras funções na organização escolar e que, embora tivessem maior tempo de magistério, não dispunham dos conhecimentos que, naquele período lhe fizeram falta. Aponta outras instâncias e cita os cursos que estão sendo oferecidos como ineficazes para os que iniciam o trabalho com adolescentes deficientes mentais. Em seu depoimento comenta o descompasso entre as suas dificuldades e o conhecimento que os cursos proporcionam:

> Eu sinceramente fui jogada. Então, eu não sei nada, é preciso começar do zero para trabalhar com esses adolescentes. Então, esse é o problema. Os cursos que estão sendo dados aos professores não estão sendo direcionados para quem não sabe nada. Estão sendo direcionados para pessoas que já têm uma especialidade na área da deficiência e que sabem trabalhar. É a mesma coisa que um professor entrar na sala de aula da primeira série e começar a ensinar cálculos para as crianças. Elas não sabem nada. Elas não vão entender. Isto é diferente. Eu não sei nada sobre deficientes! (Ariane).

A professora reconhece que não está preparada para trabalhar com os conteúdos nem com os conceitos básicos, pois na sua formação não recebeu orientações sobre como trabalhar com adolescentes deficientes.

> Eu sou uma professora que tem dificuldade. Eu não sei exatamente qual tipo de diferenciação eu devo fazer com determinado aluno. Tem aluno que você pensa que está fazendo uma diferenciação, que você está ajudando na progressão do aluno e, no entanto, não está ajudando em nada. Na hora que você vê os resultados dos conteúdos que esse aluno te traz, é que você percebe que faltam os conceitos e que você não acrescentou nada na vida deles.

> É falta de orientação, talvez eu não tenha conseguido me expressar com o aluno, é um pouco de falta de capacidade minha, por eu não ter recebido essa orientação na faculdade. Eu não fui formada para trabalhar com esse tipo de adolescente (Ariane).

Ao considerar que a atividade central do adolescente reporta-se às relações sociais, conforme os estudos de Vygotsky (1989), e que essas deveriam ser "*o cerne dessa comunicação*", acredita-se que a falta de comunicação gerará barreiras que, consequentemente, levarão à falta de interação social entre o adulto e o adolescente, o que poderá ainda interferir na compreensão dos conteúdos trabalhados em sala de aula e culminará em uma fase de difícil controle da classe.

No estudo desse processo de comunicação, mediado pelo professor, percebe-se que deveria estar presente o diálogo, portanto, não só as palavras do professor, mas seus gestos, seu corpo, bem como o sentido que dá às informações partilhadas com seus alunos. Ao pensar a respeito desse processo, noto que a mediação casa muito bem com as reflexões contidas no depoimento de um dos professores, que afirma:

> Você não pode caminhar com quarenta pessoas acreditando que você não precisa mudar a sua postura, a sua metodologia, as suas estratégias. E isso acontece naturalmente, à medida que você vai encaminhando a sua aula você observa na expressão, na fisionomia da criança, e você percebe aquele que está conseguido captar o que você está falando, aquele que está conseguido visualizar aquilo que você coloca no quadro e aqueles que não conseguem você vai ajudando. Aí, é uma coisa muito pessoal, é de momento, você percebe e na hora já faz uma readequação da sua aula, naquele exato momento (Aleixo).

Nesse extrato, o professor menciona o importante papel da observação para encontrar formas de ajudar os alunos com dificuldades. Isso lhe permite avançar no trabalho com os conteúdos da aula, conforme assinala abaixo:

> Bem, digamos que você está dando uma aula expositiva, explicando um determinado conteúdo, você vê que o aluno de repente começou a "viajar", você tem que achar uma

> forma de chamar a atenção daquele aluno, ou através da sua postura, ou através da sua voz, da forma de você olhar, passar perto desse aluno, às vezes até tocar no aluno. Existem várias formas de chamar o aluno. Toda vez que eu sinto a necessidade de fazer isso há resultado. A relação é bem melhor (Aleixo).

O depoimento revela que existem várias formas de comunicação para aproximar o professor dos alunos, o que resulta em melhores relações interpessoais. Isso, segundo o professor Aleixo tem efeitos positivos na aprendizagem:

> Então, engraçado é que depois, a relação é bem melhor, e normalmente há melhora na aprendizagem dos alunos. Eu acho que isso é ótimo. Na minha avaliação esse é o objetivo principal da educação, eu trabalhar com aquele que tem a dificuldade. Porque com aquele que não tem, eu já fiz o meu papel, mas para trabalhar com aquele que tem a dificuldade, isso é mais difícil. Qualquer progresso que você observa em seu aluno já é satisfatório (Aleixo).

Se o professor Aleixo consegue boa relação com seus alunos, há outros que revelam suas dificuldades, referindo-se à existência de "*rebeldia, agressividade, falta de responsabilidade, falta de cooperação*", o que me leva a pensar na falta de um bom relacionamento interpessoal.

Um dos professores descreve a seguinte situação: "os adolescentes têm dificuldade de demonstrar seus reais sentimentos", enquanto que outro professor assegura que "é difícil falar do relacionamento", o que mostra as dificuldades de relações dos professores em sala de aula.

Nesse sentido, recordo que a sala de aula deve se converter em uma oficina de convivência, sendo o professor "um profissional das relações, com uma intencionalidade – a aprendizagem de todos os alunos", conforme a proposição de Placco (2002), na qual me apoio.

A aprendizagem dos alunos sofre o impacto da agressividade presente no dia a dia da sala de aula, o que torna a situação cheia de contradições e falta de cooperação, como foi descrito pelos professores. Essas contradições são vividas também pelos professores mais experientes que tentam auxiliar os colegas, mas nem sempre são bem aceitos:

> Nós não temos planos estabelecidos para trabalhar com eles. Em termos de deficiência, nós não temos nada. Muitas vezes a gente percebe que outros professores até trabalham, mas trabalham assim por intuição e quando eles se veem mesmo perdidos, aí eles me procuram. Eles têm perguntado bastante. Principalmente na parte de avaliação. Então como é que eu vou avaliar aquele aluno? Daí eu sugiro algumas coisas que ele pode fazer, mas depois eu passo a observar e vejo que isso não foi feito. Eu não sei se por medo, se por receio, por falta de preparo (Santina).

No que concerne aos depoimentos dos professores, há razões de ordem pessoal, afetiva, emocional, envolvendo as relações interpessoais e os momentos vividos entre os alunos ou entre estes e seus professores. Tais razões, certamente influenciam para que haja bom relacionamento ou conflitos pessoais. Esses conflitos podem interferir e interferem na prática pedagógica, conforme depoimentos dos professores:

> Falta cooperação dos demais alunos em lidar com os colegas. O que gera muitas vezes a agressividade e falta de vontade. A inclusão muitas vezes ocorre somente na socialização na sala de aula. Mas deixa a desejar na integração, participação, cooperativismo (Elenir).

> A dificuldade está nos tratamentos individuais que temos que dar, o tempo, a falta de habilitação e o despreparo. Para conviver com eles é preciso "criar" maneiras de ensinar para se conseguir alguma coisa. Está faltando um pouco de "regras" para que eles criem responsabilidades (Luisa).

As dificuldades dos alunos são vistas pelos professores como agressividade, falta de participação, falta de vontade. Consideram que faltam regras e preparo para lidar com os adolescentes que mudam constantemente de ânimo e humor. Esses comportamentos são ainda mais acirrados nos adolescentes que têm deficiência mental, provavelmente pela segregação vivida na própria família ou em escolas onde podem ter sido deixados de lado, excluídos da convivência com outros alunos da mesma faixa etária sem saberem como participar e cooperar.

Penso que estas mudanças no comportamento dos adolescentes influenciam a representação que professores têm sobre esses jovens e que alteram as relações do grupo, o que se pode perceber nas frases escritas pelos professores: “os adolescentes têm dificuldade de demonstrar seus reais sentimentos”, “os adolescentes tornam-se agressivos por se sentirem fora dos padrões estipulados pela sociedade”.

O que os professores também reforçam, nesses depoimentos, são os sentimentos dos adolescentes, que deixam de reconhecer seus próprios sentimentos de culpa e frustração, talvez decorrentes da falta de preparo ou do medo de executar um trabalho. Eles não se referem aos adolescentes de modo geral, mas àqueles que têm deficiência mental, diante dos quais, eles não se sentem preparados para atuar.

Outro participante registrou que “os adolescentes estão em conflito e não têm oportunidade de estudar e de trabalhar”. Nesta frase, o professor compara as dificuldades dos jovens com e sem deficiência, na mesma faixa etária. Porém, mostra a existência de um conflito ainda maior vivido pelos jovens com deficiência mental, devido ao fato de não conseguirem se preparar para trabalhar. No discernimento do professor, o impedimento se deve aos preconceitos sociais, pois além de deficientes, não conseguem estudar e trabalhar, como fazem os demais alunos, para ajudar suas famílias ou para se sustar.

As situações conflitantes frustram os professores. Eles se percebem impotentes, “de mãos atadas”, conforme afirma outra professora, pois as poucas oportunidades dadas ao aluno deficiente mental dependem também das concepções que professores têm sobre as necessidades e dificuldades de inserção social desses alunos. Dizem respeito, provavelmente, ao fato de que esses jovens podem ser considerados como: “jovens em preparação para o futuro” ou “como crianças, eternamente, despreparadas e desamparadas”. Se forem vistos apenas pelo ângulo de sua infantilidade, ficarão em posição de desfavorecidos e deixarão de receber orientações para uma futura atuação profissional.

Se, ao contrário, os comportamentos mais autênticos dos alunos deficientes mentais levarem os professores a perceber as dificuldades de aprendizagem desses jovens, sem dúvida haverá chances de que os professores ao se aproximarem para estabelecer vínculos, lhes deem oportunidades.

Alguns dos professores caracterizaram as dificuldades dos alunos na escolarização como lentidão e infantilidade e atribuíram a essas características a falta de respeito pelo professor e desinteresse pelos estudos. Realmente, percebe-se que há falta de preparo do professor para trabalhar com alunos deficientes que, segundo eles, são "irresponsáveis, despreocupados, bagunceiros, desinteressados e agressivos".

Vistos sob essa ótica, os alunos certamente não terão oportunidade de participação ou de exercer sua autenticidade nas relações com o professor ou com o grupo de alunos da mesma classe. Serão desfavorecidos quanto às relações interpessoais e quanto às oportunidades para desenvolver a sociabilidade e a aprendizagem de conceitos com outros jovens mais experientes e menos infantis.

Faz-se necessário recordar que Vygotsky (1956), em sua lei genética do desenvolvimento cultural, propõe uma análise mútua entre a interação, o desenvolvimento e o aprendizado de conteúdos nas situações escolares. Para esse autor, "o processo de desenvolvimento não coincide com o de aprendizagem; o processo de desenvolvimento segue-se ao de aprendizagem". Tal consideração parece não ter sido percebida pelos professores quando se referem ao desenvolvimento "lento e perturbado" que notaram nos alunos com deficiência mental.

Parece haver o desconhecimento da proposta de Vygotsky, de que há uma "*mediação*" na construção dos processos mentais que pode ser exercida pelos professores no âmbito da escola e que despertam aquelas funções que estão em processo de maturação e desenvolvimento. A construção dos processos mentais se estabelece também em parcerias com o grupo social composto pelos outros alunos e pode auxiliar na promoção da aprendizagem, facilitando a aquisição dos conceitos científicos.

No caso, a convivência em classes comuns favoreceria os alunos deficientes que estariam em contato com outros adolescentes mais experientes, com os quais fariam novas aquisições sob a orientação do professor. Ao mesmo tempo, nessa proposta aplicar-se-ia o pensamento de Vygotsky de que: "a instrução somente é boa, quando desperta e traz à vida aquelas funções que estão em processo de maturação ou na Zona de Desenvolvimento Proximal". Contudo, na prática, este pensamento parece não ser conhecido ou ser aceito por boa parte dos professores participantes.

Entre os professores entrevistados, percebo tal situação nas relações descritas por Atima (48 anos), professora de Geografia. Em seu primeiro depoimento afirmou ter experiência anterior no trabalho com alunos deficientes. Criticou a situação imposta pela legislação que obriga o professor a receber pessoas com deficiência em suas classes regulares sem haver uma preparação desse profissional, como se percebe abaixo:

> Não se pode de uma hora para outra jogar o aluno na escola regular enquanto que os professores são os últimos a serem treinados e orientados! [...] ainda mais quando obrigados por lei (Atima).

Ao comentar seu relacionamento com os alunos, revelou contradições próprias da falta de preparação para trabalhar com adolescentes com deficiência mental que frequentam suas aulas, como afirma:

> Então, às vezes eu tenho uma relação de convivência com eles, embora eu não vou dizer nada emocional; que eu goste. Mas eu não levo a aula assim na simpatia. Assim, de estar rindo toda hora com eles, de estar abraçando e tal. Mas eu convivo bem com eles. Isso está trazendo problemas. Às vezes, tenho reações às avessas com eles (Atima).

As contradições podem mostrar a existência de problemas nas relações interpessoais, pois ao mesmo tempo em que a docente diz ter uma relação "*de boa convivência*" com os alunos, diz também que eles lhe trazem problemas, que há cobranças por parte dos alunos em relação às suas atitudes. De modo geral, parece que os adolescentes não aceitam a forma de tratamento que a professora lhes dispensa, o que é percebido por ela como cobrança, conforme demonstra uma de suas frases: "Então, eles me cobram, que estou muito séria, que fui muito brava, que eu não admiti isso ou aquilo. Nos últimos anos, eu vejo isso como uma contradição" (Atima).

A professora afirma que não tem um comportamento simpático e carinhoso no contato com os alunos: "assim de estar rindo [...] de estar abraçando". O que lhe incomoda parece ser o fato de não ser bem-aceita pelos alunos, ou de ser criticada por outros professores.

Ao mesmo tempo, critica essa forma de tratamento utilizada por professores e alunos na escola. Na verdade, parece que há certo preconceito, que também lhe impede de se aproximar dos alunos, pois sente dificuldades em externar seus sentimentos.

Ao refletir sobre essas dificuldades, voltei aos dados da entrevista da professora que lecionava História e Geografia. Notei que ao reconhecer as dificuldades de leitura e escrita apresentadas pelos alunos, ela desconhecia a tese apresentada por Vygotsky de que os alunos poderiam realizar parcerias e que as parcerias contribuiriam para ampliar a Zona de Desenvolvimento Proximal. Ao se reportar às dificuldades desses alunos diz que:

> Eles não conseguem ler... às vezes eles escrevem, com uma caligrafia que é só por escrever, não dá para entender. Então, o que é que a gente faz com ele ? A gente tenta dialogar com ele e às vezes a gente consegue. Aí ele traz um recorte de jornal, que foi pedido há dois meses. Então, eu vou tentar explicar que há palavras novas que elas não fazem parte do dia a dia. Vou falar o significado, mas é aquela coisa lenta. Aí eu estou atendendo a ele e ao mesmo tempo, tenho que atender aos outros que ficam um pouco abandonados (Atima).

Embora, ela tenha alguma experiência com alunos-adolescentes, em instituições assistenciais, desacredita da possibilidade de que o aluno mais experiente possa trabalhar com o adulto mais experiente (o professor) em colaboração com aqueles alunos que apresentam necessidades especiais. Ela afirma que "os alunos não aceitam esse tipo de trabalho coletivo".

É possível que a imagem idealizada da figura do professor como centro das atenções dos alunos, no decorrer da aula, como aquele que deve dominar os comportamentos desses adolescentes para obter sucesso, esteja tão arraigada em suas emoções, que lhe impedem de aceitar, de forma mais prazerosa e autêntica, uma convivência mais calorosa com os adolescentes. Este calor humano lhe parece alvo de críticas e inadequado.

Isto sem dúvida tem a ver com sua vivência profissional ou até mesmo com o modelo de professor e de aluno construído no decorrer de sua formação inicial como professora. Mas, em seu depoimento, as dificuldades são percebidas [por ela], como decorrentes de uma “escola fragilizada” que se traduz na falta de acessibilidade do prédio e na falta de projetos da escola:

> Na sala de aula é muito difícil, a sala é comprimida com muitas cadeiras, porque é uma adaptação. Nela, os alunos sem necessidades especiais têm dificuldades para se locomover, imagine aqueles que têm deficiência, mais ainda (Atima).

Enquanto fazia suas afirmações sobre a inclusão, suas dificuldades e as necessidades dos alunos, havia amargura em sua voz e aparente tensão em sua face, o que se torna ainda mais forte no decorrer da gravação, quando a docente exprime seu pensamento, ao falar sobre esses problemas do cotidiano:

> Dificuldade não é só questão de conteúdo, de trabalhar a aula em si, é falta de projeto. Como é que eu faço adaptação em minha aula de Geografia? Em Geografia, a gente pode usar vários recursos, mas a dificuldade impede que a gente faça isso. Falta tempo de eu estar verificando cada aluno. O que me impede, porque tenho duas aulas semanais. É a grade que me impede de fazer isso e aí tem a questão da disciplina do aluno que, às vezes, impede (Atima).

Apesar de preocupada com tais situações, a docente não esconde seu descontentamento com a falta de orientação aos professores. Sua revolta é declarada antes mesmo da gravação da entrevista. Está inconformada e isto interfere tanto na organização da sala de aula quanto nos conteúdos a serem trabalhados e, principalmente, em seu relacionamento em sala de aula com os alunos adolescentes. Percebe-se incapaz de resolver os problemas cognitivos e afetivos. Distancia-se dos alunos, ao mesmo tempo em que culpa a falta de estrutura, falta de tempo, a indisciplina e a falta de informações que possibilitem realizar as intervenções necessárias.

O que parece causar grande polêmica e que fragiliza a rede pública estadual é, sem dúvida, a falta de respeito profissional aos professores. Em especial, quando se coloca o deficiente mental em salas de aula, sem qualquer aviso, sem preparação ou sem um projeto de inclusão no âmbito da escola. Tal projeto poderia ser mais bem debatido e incluir os professores, os pais, os funcionários e os próprios alunos, aliviando as tensões existentes.

Faz sentido, neste aspecto, a declaração de um dos participantes da pesquisa de que "*os professores se sentem culpados, frustrados*". Há frustração, assim como estigmatização. Tal espécie de estigmatização impede que o trabalho dos professores se realize como de fato eles gostariam, com possibilidades de estender o sucesso a todos os alunos.

Mas há professores que procuram formas alternativas para compensar e amenizar as dificuldades existentes na escola, como, por exemplo, a professora Eliene, cujo relato é analisado a seguir.

Esta professora fez duas licenciaturas, Educação Física e Pedagogia, além de um curso de Pós-graduação. Encontra-se na faixa etária de quarenta anos de idade e possui uma boa experiência com adolescentes, o que a evidenciou para participar do grupo dos professores que teriam seu depoimento gravado. Além do gosto pela literatura, seu lazer inclui passeios, viagens, prática de esportes; frequenta cinema, teatro, museus, parques e gosta de assistir à TV, como forma de ampliar seus conhecimentos e sua formação.

Ela faz uma exposição mais longa que a dos demais e para isso se apoia em conhecimentos teóricos defendendo possibilidades de "*um bom relacionamento interpessoal com os alunos*". Destacam-se a seguir suas principais "*concepções*" sobre o desenvolvimento do adolescente:

> Observo um desenvolvimento fragmentado, no qual há um ser desiludido em relação a si e ao futuro. Ao mesmo tempo, o adolescente já não aceita sua vida de forma passiva, dá vazão a seus problemas, e muitas vezes vai ao encontro ao caminho errado, à violência, às drogas. A maioria possui problemas familiares mal resolvidos e isso reflete diretamente na educação, não se sentem amados como deveriam e não recebem atenção e afeto adequados (Eliene).

Ela comenta que o adolescente nem sempre percebe seu próprio desenvolvimento. Cita a violência que ocorre na sociedade e atinge o ambiente escolar, assim como os problemas familiares e a falta de afeto (amor e atenção) que interferem nas atividades escolares. Mas de forma esperançosa, comenta:

> Ao mesmo tempo, o professor não deve perder a esperança, deve sempre ser um "sonhador", deve ter sempre em mente que a adolescência é uma fase e nós, profissionais, temos que ter um comprometimento com essa fase. Não devemos temê-los e sim ajudá-los a passar por essa fase, pela qual nós também passamos, de muitos conflitos, porém, muito bonita (Eliene).

A professora Eliene também declara que gosta de lidar com os adolescentes, o que ficou bastante evidente nas observações de suas aulas, em que havia certa cumplicidade dos alunos e muita participação. Ela afirmou que ao trabalhar com adolescentes, nesta idade, a relação professor/aluno pode ser mais direta, mais franca, mais dinâmica, pois

> O adolescente gera problemas, pela própria idade, nos faz pensar. Ele questiona, não aceita, defende suas ideias, não admite muita interferência, o que faz com que nós, enquanto professores, tentemos sempre, ou quase sempre, buscar formas de solucionar seus problemas. Temos que ser um pouco de tudo: pais, amigos, companheiros e isso é bom, pois trocamos experiências e aprendemos também (Eliene).

Nota-se sua preocupação tanto com o desenvolvimento dos alunos quanto com sua aprendizagem. Ao observar suas práticas e depois coletar seu depoimento, constatei que seu comportamento é adequado tanto com os alunos sem deficiência quanto com os que possuem deficiência mental e física. A professora intervém quando necessário e busca solucionar as dificuldades por meio do diálogo e da comunicação, além de propor parcerias entre os diferentes grupos de alunos, o que explica sua afirmação: "isso é bom, pois trocamos experiências e aprendemos".

3.6 Valorização e preconceitos: relações de medo

Nota-se que na escola há maior valorização dos aspectos cognitivos em relação aos conteúdos a serem desenvolvidos. Mas, é interessante comentar a percepção que os docentes têm de si mesmo ao demonstrarem o que pensam sobre sua função e sobre suas relações com os alunos. Além de citarem a falta de preparação pedagógica e até psicológica, alguns professores não conseguem reconhecer seu importante papel de educador. Desconhecem a sua importância como parceiros mais experientes no processo que envolve tanto aquele que ensina como aquele que aprende. Ao deixarem de assumir seu papel de mediador, comprometem as relações interpessoais.

Observamos que 13 dos 16 professores participantes pareciam desconhecer a importância de sua mediação, seja em relação aos conteúdos e conceitos a serem trabalhados, seja na aproximação com os adolescentes com deficiência. A aproximação favoreceria as relações interpessoais e esses professores certamente apoiariam o desenvolvimento psíquico dos alunos, dada sua legitimidade social como modelo de adulto.

Tal aproximação foi explicitada como importante pelos professores Aleixo, Elenir e Santina, que a põem em prática em suas aulas. Além da aproximação, os bons resultados lhes permitem que deixem de se preocupar com os preconceitos ou estigmas em relação aos alunos, assim todos os depoimentos serão colocados em itálico.

Ao contrário dessa posição, outro professor fala sobre os deficientes e afirma que "não sabe como tratar os alunos, pois podem se aborrecer" e "se isto acontecer não se sabe que atitude tomar". O que preocupa esse professor é não conseguir controlar os alunos, "que podem se aborrecer". A presença de preconceitos e estigmas sobre a falta de condições para apreender e para relacionar-se parece marcar a escolarização das pessoas com deficiência mental.

Ao se referir aos deficientes mentais, outro participante compara-os aos adolescentes em geral e os idealiza. Afirma que, com eles, "nada vai acontecer que não tenha sido previsto", como se fosse possível uma "previsibilidade" de atitudes do adolescente. Segundo ele, com o aluno deficiente "tudo pode acontecer", pois há uma "imprevisibilidade" de atitudes. Reafirma desse modo que os deficientes mentais nem sempre compreendem e controlam todas as relações existentes no ambiente social em que convivem, em especial em sala de aula. Ele "re-afirma", ainda, que desconhece as necessidades de fantasiar e até de mudar as regras, próprias do adolescente em desenvolvimento.

Nos dois depoimentos estão presentes as concepções estereotipadas sobre a pessoa com deficiência mental, que se confunde com a figura do "doente mental", do qual "tudo se espera" e, o qual, não se deve aborrecer, porque, certamente, dele advirá uma crise.

Configura-se, então, outra forma de concepção que se encontra imbuída do "estigma" e do "medo". Afirma-se a "imprevisibilidade" e nega-se a "previsibilidade" de uns em detrimento de outros. Ambos são estigmatizados, tanto o adolescente sem deficiência quanto o adolescente com deficiência. Desacredita-se das potencialidades de ambos, e da "negação da negação" ressalta-se o estereótipo da "falta de controle" e do medo do fracasso dos alunos. Seria melhor dizer de outra forma: medo do fracasso do próprio professor, dadas às dificuldades que ocorrem em sala de aula. São dificuldades tanto em relação aos conteúdos a serem desenvolvidos quanto à falta de um bom relacionamento interpessoal, o que impede uma boa parceria entre o adulto e os aprendizes, além de criar novas dificuldades.

A situação de preconceito e medo foi comentada por mais uma participante da pesquisa, que registrou como responsável pelas dificuldades dos professores. Segundo ela, trata-se do despreparo dos professores que estão na escola regular frente aos alunos-adolescentes. A participante assegura que: "*as principais necessidades, [...] para incluir tais adolescentes em suas aulas são: o medo, pois não foram preparados e capacitados. E o preconceito, que dificulta mais o trabalho*" (Cleusa).

Os sentimentos de medo e insegurança são revelados e, através deles, um desconhecimento sobre os alunos-adolescentes e sobre suas possíveis atitudes. Se o professor não souber lidar com as tensões existentes, pode advir o distanciamento nas relações interpessoais, justamente no momento em que a aproximação entre o docente e seus alunos poderia ser um elemento "facilitador".

Segundo depoimento de outro docente sobre os alunos com deficiência: "tais alunos representam perigo para os demais", o que reproduz um estereótipo presente no senso comum e no imaginário da população. Não se pode, assim, culpar apenas o docente, pois essas concepções cristalizaram-se há muito tempo, através de atitudes de estigma e preconceitos contra as pessoas rotuladas como deficientes mentais, de quem se exigia que permanecessem em asilos e manicômios, segregadas de todos.

As situações de preconceito estão presentes nas concepções sobre os alunos adolescentes com deficiência mental e, de certa forma, parecem ainda mais arraigadas quando se trata de colocá-los nas classes regulares, como demonstram as declarações a seguir:

> Temos de saber que na vida só vence o melhor. Aquele que sabe!
>
> Falta ao aluno com necessidade especial atingir o conhecimento que lhe é necessário para se integrar à comunidade.
>
> Faltam nível e conhecimento aos alunos com necessidades especiais.
>
> Aprende-se menos na escola pública.

Os comentários foram colocados em destaque por se referirem a preconceitos que foram citados por quatro professores, de diferentes disciplinas. Provavelmente, circulam no ideário de outros docentes da escola. O preconceito de que "*Aprende-se menos na escola pública*" se deve em parte aos programas que são desenvolvidos pela escola pública, se comparados aos da escola privada, o que muitas vezes foi motivo de discussões durante o período em que acompanhei reuniões no horário de trabalho pedagógico dos professores, nesta unidade escolar.

Alguns desses quatro professores também lecionam em escolas da rede privada, que em geral cobram muito o nível de conhecimento. Talvez os adolescentes com deficiência mental não conseguissem se matricular da 5ª a 8ª séries, nessas escolas, devido à falta de nível para "*atingir o conhecimento que lhe é necessário para se integrar à comunidade*", segundo salientou o docente. Isto pode ser um desabafo do professor frente à falta de condições e de orientações na escola pública ou pode significar a internalização de preconceitos.

A internalização de preconceitos sociais, bem como as dificuldades encontradas tanto pelos familiares de pessoas deficientes quanto por professores na rede regular de ensino podem interferir em sua percepção, assim como em suas atitudes em relação aos alunos-adolescentes. Esse fato pode levá-los a uma concepção discriminatória, como a acima citada, de que é necessário um certo nível de conhecimentos para que o cidadão consiga ser admitido para se integrar e participar da sociedade.

A afirmação do professor de que "falta nível e conhecimento aos alunos com necessidades especiais", se refere à existência de "barreiras atitudinais", conforme proposta de Amaral (1994, 2002), e, a essa situação, provavelmente se acrescentam os preconceitos advindos da relação professor/aluno. Assim, pode-se considerar desse modo, que esses jovens têm sido vistos como pertencentes ao grupo dos "diferentes", portanto, discriminados socialmente.

A preocupação com as alterações de comportamento e com o nível de conhecimento nos remete às concepções de "*anormalidade ou desvio*" e, no caso, com as atitudes que alguns professores tomam com alunos considerados "*anormais e desviantes*". O professor parece permanecer ligado à figura idealizada de aluno do "tipo ideal", que aprende rapidamente, é assíduo, apresenta bom comportamento, é educado e tem capacidade de resolução de problemas. Assim, se o aluno que está em sala de aula não corresponde ao "tipo ideal", torna-se aquele aluno diante do qual "não se sabe que atitude tomar", em relação a eles, criam-se preconceitos e barreiras.

Nega-se, assim, que a comunidade escolar é que deve, necessariamente, refletir, planejar ações pedagógicas e se preparar para apoiar as pessoas deficientes com o objetivo de vencer os preconceitos, na busca da integração e inclusão social dessas pessoas na escola regular, o que foi apontado por Vygotsky, ao argumentar que "se o meio ambiente não desafiar, exigir e estimular o intelecto do adolescente, esse processo poderá se atrasar ou mesmo não se completar", impedindo-os de atingir os estágios mais elevados que envolvem as operações intelectuais mais amplas do raciocínio e da resolução de problemas.

Caberia, neste momento, considerar a figura do professor em sua prática em sala de aula. Alguns deles buscaram adaptações segundo as necessidades dos alunos; outros não o fizeram. Provavelmente, àqueles que não buscaram alternativas, caberia questionar se permanecem vinculados ao estereótipo da "escola ideal", ou seja, a que visa tão somente o desenvolvimento dos conteúdos em detrimento do desenvolvimento potencial e real dos alunos.

A provocação do estereótipo de escola ideal é feita justamente para se contrapor às dificuldades que foram percebidas pelos professores que, no entanto, não se mobilizaram para adequar as atividades de sala de aula ao nível de compreensão dos alunos com deficiência. A imobilidade diz respeito à formação que receberam nos cursos de licenciatura e que os preparou para a docência. É provável que nas licenciaturas, o grupo de professores, bem como outros tantos, não tenham recebido orientações para o trabalho com a pessoa com deficiência (mental, física, sensorial, múltipla), visto que os mesmos até muito recentemente eram educados em escolas segregadas.

Tal segregação criou preconceitos, originou estigmas e impediu que pessoas com deficiência, em especial deficiência mental, participassem do convívio daquelas sem deficiência, principalmente, em escolas regulares. A maioria dos professores não recebeu formação nos cursos de licenciatura para trabalhar com alunos com necessidades especiais. Não é possível, portanto, exigir que num piscar de olhos, como se fosse mágica, todos os docentes estivessem prontos para responder à demanda de adolescentes com deficiência nas classes comuns, especialmente, do 6º ao 8º/9º ano, do Ensino Fundamental.

3.7 A formação dos professores

A formação dos professores para lidar com os alunos deficientes até meados da década de 90 era oferecida nos cursos de especialização do Magistério ou como habilitação para os que cursaram Pedagogia. Destinava-se aos professores da 1ª a 4ª séries ou especialistas que lecionariam nas classes especiais ou nas escolas especiais.

A partir da Resolução 95/2000, da Secretaria da Educação, baseada em Legislação Federal e em outras indicações, foram criadas as Salas de Apoio Pedagógico (SAPEs) no Estado de São Paulo.

Para trabalhar nas salas de apoio, recomenda-se um professor especializado, que também orientará a equipe escolar quanto aos procedimentos e estratégias de inclusão dos alunos nas classes comuns. Caberia ao especialista participar das reuniões da equipe escolar e da elaboração de planos de trabalho e outras atividades coletivas programadas pela escola. Sua formação pode ocorrer na licenciatura em Pedagogia com habilitação na respectiva área da Educação Especial ou ser professor portador de outras licenciaturas com Pós-graduação *Strictu Sensu* na área de Educação Especial.

Porém, nas diferentes licenciaturas não havia orientações sobre a Educação Especial na formação dos docentes que irão lecionar no II ciclo do Ensino Fundamental. A inexistência desta formação interfere na aceitação dos alunos com deficiência nesse ciclo de ensino, assim como na elaboração e adaptação dos conteúdos de cada uma das áreas de ensino. Com vistas à organização de projetos de inclusão desses alunos, é necessário que os professores recebam formação em serviço. Essa formação teria o apoio do professor especializado que atuaria nas SAPEs.

O direito à inclusão dos alunos com deficiência no ensino regular, a partir da Lei de Diretrizes e Bases da Educação Nacional (LDBEN), de 1996, causou grandes preocupações aos professores. Muitos deles, embora estivessem frequentando o curso de Pedagogia, duvidavam que os alunos deficientes (denominados de "especiais", por professores em formação) conseguissem sair das classes especiais e acessar a 5ª série. Dúvida essa que ainda é motivo de muita discussão e reivindicação entre os professores desse ciclo de ensino, conforme se constata no depoimento a seguir:

> A inclusão do adolescente portador de necessidades especiais no núcleo comum, certamente assusta e ao mesmo tempo suscita uma série de reflexões. No primeiro momento não sou contra essa inclusão, o que me estarrece é a forma irresponsável e sem critérios como essa inclusão está sendo feita, na verdade, não dá para chamar esse processo atual de inclusão (Santina).

O depoimento da professora mostra sua angústia para enfrentar e resolver as situações do dia a dia em sala de aula. Sua preocupação é endossada por outros docentes. Antes de culpá-los é preciso apoiá-los e orientá-los na busca de soluções para esse impasse.

Ao salientar sua preocupação com os alunos com deficiência, o professor Aleixo declara sua falta de preparo ao afirmar: "Todo início de ano, rezo para que não haja alunos com deficiência mental em minhas turmas, pois não sei bem o que fazer com eles". Sua atitude, tanto no depoimento quanto em suas aulas, elimina o receio declarado e agora tornado consciente de que é necessário deixar de lado os preconceitos. Embora, ele não tenha recebido formação, nem a escola em que leciona possua uma SAPE, percebeu que é preciso preparar-se para responder, positivamente, à situação.

O professor Aleixo realiza adaptações para trabalhar com as necessidades de todos os alunos e exalta as possibilidades de cada um e do grupo, apoiando-se em sua postura de adulto mais experiente. Não se coloca como um professor impotente ou fracassado, mas, sim, como educador, capaz de refletir sobre suas próprias experiências e dificuldades. Ele busca uma postura natural ao observar os alunos. Procura perceber suas necessidades intelectuais e afetivas, o que lhe permite fazer as adaptações necessárias. De acordo com Aleixo:

> O primeiro passo é diagnosticar, dentro daqueles objetivos que eu proponho para aquela turma, até que ponto aquele aluno com necessidades especiais pode atender a esse objetivo. Até que ponto ele é capaz de produzir aquilo que eu quero que ele produza em relação ao todo. E aí sim, a partir desse diagnóstico, começar a trabalhar de forma diferenciada, é claro, com esses meninos. Porque não adianta eu ter o meu objetivo para a sala toda, mas que não pode servir como parâmetro para esse aluno que tem a necessidade especial, você precisa mudar a sua postura, E, àqueles que não conseguem, você vai ajudar e já faz uma adequação.

Ao falar sobre o assunto, até o semblante do professor se altera, se ilumina, fica como que tomado de felicidade e exaltação, enquanto grava o depoimento. Ao ser questionado a respeito de como funciona o processo, ele como que transcende e retoma sua sala de aula, (da mesma forma como tive oportunidade de presenciar, em minhas observações em sala de aula), não só por suas palavras, mas pela expressão de seu rosto, seu olhar, comunica que:

> Você tem que achar uma forma de chamar a atenção daquele aluno, ou através da sua postura, ou através da sua voz, da forma de você olhar, às vezes até tocar no aluno. Existem várias formas de chamar o aluno. Dá resultado... isso dá bons resultados e a relação é bem melhor (Aleixo).

Nota-se que por tratar-se de um professor de Matemática, que naturalmente trabalha com as dificuldades dos alunos na elaboração e compreensão dos conceitos científicos e na resolução de problemas, recebe uma maior carga de reivindicações familiares e sociais sobre o "desenvolvimento do pensamento lógico dos alunos". Busquei, nos depoimentos desse professor, informações sobre tais dificuldades com os alunos com deficiência, porém, em suas respostas afirma que, com base na comunicação, em relações interpessoais individuais e grupais, trabalha em parceria com os alunos e busca intervir na formação de conceitos em aulas de Matemáticas:

> Na sala de aula, na aprendizagem, a interação com o grupo é fundamental. Mas, o mais importante é esse aluno perceber que nós o estamos ajudando, que nós o estamos apoiando, que nós estamos tentando fazer com que ele interaja com o restante do grupo.

> Ele precisa se sentir bem no grupo, se sentir à vontade, saber que ele é capaz de aprender. Ele sabe que tem suas limitações. Imagino que ele saiba disso, que ele tem as limitações, que ele tem dificuldades. Mas ele precisa saber que tem condições de progredir, talvez, não na mesma proporção que os outros, mas ele é capaz de progredir. E isso depende de nós (Aleixo).

Em seu depoimento, destaca a importância da leitura, que deveria ser trabalhada por todas as disciplinas. Ele compara tanto situações que podem ocorrer em Língua Portuguesa como em Matemática, por exemplo:

> Se eu vou trabalhar uma leitura, digamos que eu seja da área de Português, eu vou trabalhar um texto. Esse aluno que tem dificuldade de aprendizagem, que tem necessidades especiais, ele deve trabalhar um texto também, mas não o mesmo texto necessariamente que os outros estarão trabalhando. Se os outros vão trabalhar interpretação, por exemplo, ele pode trabalhar interpretação também, mas de um texto mais simplificado, dentro daquilo que a gente possa cobrar daquele aluno.

> E em Matemática é a mesma coisa. Eu posso estar trabalhando uma expressão numérica, por exemplo, mais complexa envolvendo todas as operações com a classe, mas de repente, com aquele aluno eu posso trabalhar o mesmo assunto só que com menos complexidade. Você entendeu? Eu posso trabalhar só adição e subtração, por exemplo, que é o que no momento ele já consegue entender. E aí, gradativamente, vou tentando colocar as outras operações que eu sei que ele possa conseguir resolver (Aleixo).

Nesse momento do depoimento, quando o professor precisa ampliar suas reflexões para responder ao questionamento que lhe foi feito, percebe-se que ele toma consciência de que, realmente, já efetivava em suas aulas o princípio da inclusão de todos os alunos.

3.8 Necessidades dos alunos e dos professores

As necessidades dos alunos-adolescentes foram percebidas pelos professores que lecionam da 5ª a 8ª séries. Essas necessidades configuram-se, em algumas frases, porém parece que foram expressas como críticas à organização escolar que permite um excesso de liberdade do aluno sem cobranças de responsabilidades. A partir dessa situação, busco os demais registros sobre as "necessidades dos adolescentes" citados nas respostas dos professores:

> Penso que o adolescente tem que ser mais cobrado, mais motivado, em relação aos estudos, às responsabilidades, aos direitos e deveres, pois de tudo isso depende seu futuro.

> Acho que falta aos adolescentes problemáticos: comportamentos, limites e ocupação.

> Precisam de muita atenção. Precisam de carinho. Precisam de amor.

> Acho que estes alunos deveriam ter um acompanhamento diferente, para que pudessem acompanhar um nível bom de conhecimentos.

> Deveriam ter o acompanhamento de pedagogos, psicólogos e orientadores para resolverem suas dificuldades em sala de aula.

Leio novamente o conjunto de frases, volto às anotações pessoais, ouço as fitas gravadas e percebo que nelas estão presentes, mais uma vez, os preconceitos, as concepções, os estigmas, o medo do fracasso manifestado pelos professores. O medo do próprio fracasso impede-os de buscar novas informações, de estabelecer um projeto de parcerias com os pais e com outros professores. Penso que, deve ter sido muito difícil para eles escreverem seus depoimentos sobre as necessidades dos adolescentes. Contudo, penso que, neles, os docentes configuraram, inconscientemente, uma classificação para a qual não se havia organizado uma questão específica. Trata-se do tema "*necessidades dos professores*", na qual discutem "*o papel dos professores*".

Embora, os professores reivindicassem o acompanhamento de pedagogos, psicólogos e orientadores para resolverem as dificuldades dos alunos; parece que não admitiam suas próprias dificuldades.

A seguir, cito algumas das frases escritas pelos próprios professores, no propósito de discutir e reafirmar suas posturas. Segundo o grupo de depoimentos, o papel do professor vai muito além de tratar do simples conteúdo, mas "*deverá ser o de passar os valores que esses alunos precisam para o seu desenvolvimento*". Compete também ao professor mostrar aos alunos "*da melhor maneira possível, os bons caminhos da convivência social harmônica e promissora*", assim como, conscientizá-los dessa importância.

Os professores, ao situarem-se como orientadores, têm uma meta: trabalhar com conteúdos, mas sentem necessidade de transmitir valores, pois muitos dos valores sociais se perderam. Muitos de seus alunos não têm família e alguns assistiram a cenas de violência nas quais perderam pessoas da família. Fatos como estes, de violência, lhes causam preocupação. A busca por uma convivência harmônica que, segundo o pensamento de docentes poderá melhorar a vida de seus alunos, também explica a existência de muitos projetos na escola, como: as feiras de música e de dança, os jogos, ida ao teatro e a museus.

Um exemplo desse propósito de reforçar a harmonia, ocorreu pela produção de arte, em que os alunos puderam expor seus desenhos durante vários dias em todas as salas de aula. Isto se tornou motivo de orgulho para eles, o que retomo depois, ao "revisitar" a escola e a pesquisa anos depois.

Penso que sem se dar conta, os professores trabalharam a autoestima com a inclusão social de todos os alunos. Mas, quando se trata do trabalho a ser realizado com alunos deficientes mentais, os docentes demonstram insegurança e reivindicam informações. Em seu papel de professores, querem informações seguras sobre a deficiência mental. Neste sentido, um dos professores escreveu: "ao buscar informações nas pessoas orientadoras, sentimos que estas também são inseguras em relação ao assunto. Os profissionais deveriam ter uma orientação de como trabalharmos com esses alunos".

Ao afirmar que os profissionais "deveriam ter uma orientação", o professor confessava que deseja receber tal preparação para o trabalho a ser realizado. Trata-se de uma necessidade que foi apontada por vários professores. Apenas um deles se destacou por procurar, pessoalmente, um curso que o capacitasse para trabalhar com alunos com deficiência.

Essa sua iniciativa vem ao encontro das minhas preocupações como formadora de professores. Assim como eu, ela buscou informações e formação. Nessa busca por conhecimentos, ela conseguiu estabelecer uma ponte entre as teorias sobre o desenvolvimento da pessoa com deficiência mental e sua experiência no cotidiano da sala de aula. Através de suas experiências, trabalhou com a inclusão, lutou para a criação de uma Sala de Apoio Pedagógico. Sua atitude justifica o fato de ter "um destaque" nesta pesquisa.

3.9 Um caso em destaque

O caso em destaque refere-se a uma das 5 participantes, da fase das entrevistas. Ela é uma professora de Língua Portuguesa que, inicialmente, se desesperou ao receber em suas salas de aula das 5ª séries, no ano de 2001, vários alunos que não conseguiam ler e escrever. Fez várias tentativas com três destes e concluiu que necessitava de apoio para lecionar para eles. Depois buscou novas informações e formação.

Em seu depoimento, relacionou algumas das dificuldades encontradas com alunos das 5ª séries, atual 6º ano. Para alfabetizá-los, usou recursos variados, dado o fato de que alguns alunos apenas reconheciam o próprio nome, não conseguiam ler nem escrever, embora houvessem chegado até aquela série. Após vários contatos com os pais e com professores das escolas nas quais aqueles alunos haviam completado a 4ª série, soube que três deles foram considerados deficientes mentais. Para tornar possível a alfabetização de tais alunos, a professora buscou uma habilitação em Educação Especial. Os depoimentos da professora se apresentam diferentes dos demais, pois, ela argumenta que:

> Os desenvolvimentos cognitivo, pessoal, interpessoal e espiritual, são de importante abordagem, objetivando o desenvolvimento de forma global e não por partes, uma vez que, mesmo que possua limitações e nem mesmo consiga tomar consciência das mesmas, o adolescente não é um ser fragmentado, mas completo (Santina).

Ao obter informações para realizar um trabalho mais adequado, ela conseguiu perceber que as limitações dos alunos precisariam ser encaradas de outra forma, se quisesse ajudá-los. Notou também que há outros aspectos pessoais e sociais que interferem na cognição. Em seu depoimento fez questão de dizer que o relacionamento interpessoal com os alunos melhorou bastante quando eles perceberam sua atenção, sua aproximação, enfim, que ela se importava com eles. Nas frases a seguir, discorre sobre as situações de desenvolvimento e relacionamento:

> Alcançar esse desenvolvimento de forma mais ampla não é tarefa fácil e temos "tropeçado" em muitas barreiras, principalmente, nos aspectos que abrangem o pessoal e o interpessoal, onde os adolescentes sofrem todo tipo de influências que acabam por "truncar" fases importantes do desenvolvimento (Santina).

Quanto à sua relação com os adolescentes, reconhece o quanto essa tarefa é árdua e como essas barreiras atrapalham o desenvolvimento dos aprendizes. Afirma que não encontra mais certos problemas de relacionamento em sala de aula, uma vez que sempre deixa claro e sistematiza os seus objetivos, expõe o que deseja alcançar e qual a função das atividades para a vida prática, sejam eles pessoas com ou sem deficiência mental.

Em relação à disciplina, reafirma sua convicção na colocação de limites, esclarece o que considera adequado ou não, em sala de aula. Salienta que "assim, nesse aspecto não tenho encontrado dificuldades e temos mantido uma relação de respeito, sem maiores problemas".

Em observações de salas de aula, procurei registrar a forma como a professora lida tanto com os conhecimentos antigos quanto com os novos, com os conceitos que irão ser introduzidos. Sua meta diz respeito ao trabalho com os conteúdos, ao mesmo tempo em que se aproxima dos alunos, e mantém uma boa relação interpessoal com eles.

No decorrer das visitas semanais à escola, tive oportunidade de acompanhar várias aulas dessa professora de Língua Portuguesa. Notei que há vários alunos que apresentam grande dificuldade no contato com outros professores, bem como com seus respectivos conteúdos. Mas, o mesmo não ocorre nas aulas de Língua Portuguesa em que essa professora leciona, pois os alunos demonstravam uma preocupação em fazer anotações e em participar, mesmo que com dificuldades. Possivelmente, porque são tanto "exigidos" quanto "elogiados", o que certamente afeta seu autoconceito e amplia o contato e as relações interpessoais entre educadora e alunos.

Acompanhei mais de perto um dos adolescentes com necessidades especiais. Percebi que tinha grande dificuldade de leitura e escrita. A professora não permitiu que o aluno ficasse à margem dos demais da classe, cobrava sua atenção e participação. Ao longo do ano letivo, trabalhou arduamente para alfabetizar o aluno. Utilizou o método fonético, com apoio de um alfabeto móvel e outras estratégias até que ele conseguisse ler e compreender pequenos trechos.

A concepção dessa professora sobre fracasso e sucesso e sobre as dificuldades de aprendizagem da língua e do processo de comunicação lhe permitiram atender, coletiva ou individualmente, ao aluno que, por várias vezes, havia sido reprovado e chegara até a 5 ª série analfabeto.

Na análise das observações e no depoimento efetuado, nota-se que a professora pesquisou as possíveis formas de ação a serem empregadas e que melhor se adaptassem às necessidades desse e de outros alunos:

> No tocante às principais necessidades dos adolescentes, creio que estão: estipular limites, buscar o equilíbrio pessoal para esses adolescentes, apoio e atenção familiar, equilíbrio familiar, em projetos que integre lazer e cultura, projetos que desenvolvam a prevenção às drogas, gravidez precoce, etc. Em termos de cognição, acredito que a maior necessidade está relacionada aos estímulos, cabendo ao professor buscar e transmitir esses estímulos favoráveis aos adolescentes (Santina).

Ao perceber que necessitava ampliar seus conhecimentos, buscou a especialização em um Curso Superior. Além disso, ela aprofundou conhecimentos que lhe possibilitaram compreender como poderia melhorar suas relações interpessoais com os alunos. Utilizou os conhecimentos adquiridos para fazê-los progredir, aprender e se desenvolver. Contudo passou a ter maior crítica sobre as necessidades dos alunos e dos próprios professores. Em seu relato escrito, deixa claro sua posição:

> O adolescente portador de necessidades especiais necessita de sociabilização e aprendizagem, e embora seja sabedora de todos os problemas e dificuldades pelas quais os professores passarão, penso que a inclusão é possível e viável do ponto de vista humano, desde que sejam fornecidos aos professores subsídios e capacitações condizentes com a realidade de sala de aula, a qual eles enfrentarão. É preciso viabilizar essa situação do ponto de vista humano e profissional (Santina).

Cita, ainda, algumas dificuldades na formação dos professores que estão em serviço, desmotivados, inseguros, e que precisam deixar de lado os preconceitos, trocando-os por novos conceitos sobre os alunos-adolescentes;

> As dificuldades são e serão constantes para incluir esses adolescentes, uma vez que, derrubar preconceitos, fixar novas metodologias, atividades e metas, mudar o currículo funcional na sala de aula para esses alunos exige: "novos olhares", "tempo", "persistência", boa vontade, capacitações e, um contato mais prolongado com o aluno, a família, a comunidade e, principalmente, com a mudança de conceitos tão arraigados no próprio professor.
>
> Vejo os professores ansiosos, temerosos, e compactuo desses sentimentos ao imaginá-los em uma sala com 42 alunos "normais" e um ou dois especiais, um autista por exemplo. Será um desafio! (Santina).

Muitos desafios ainda devem ser vencidos por esse grupo de professores. Todo ano aparecem novos desafios. Muitos dos alunos que vieram para as 5ª séries dessa escola, no ano de 2003, eram oriundos de outra escola da rede pública estadual na qual há classes especiais. Porém, tais alunos se apresentaram para as 5ª séries em melhores condições intelectuais do que aqueles que vieram de outras unidades escolares. Suponho que isto ocorra pelo trabalho que foi desenvolvido com esses alunos.

Notei também que na escola não há registros escritos ou qualquer outra informação sobre os alunos. Mas, pelo contato que tive com eles, pude constatar que vieram de classes especiais. Foram incluídos nas classes regulares de 5ª séries, frequentam as aulas, sem qualquer forma de rotulação, pois foram bem preparados.

Enquanto outros professores tentam refutar estudos científicos sobre o desenvolvimento psicossocial dos alunos, a professora de Língua Portuguesa, em destaque, busca novos estudos, para dar conta das dificuldades encontradas em sala de aula com alunos deficientes mentais e com alunos com dificuldades de aprendizagem, matriculados nas 5ª séries do Ensino Fundamental, pois se "incomoda" com eles.

Após citar o termo "incomodar", ela refaz a própria fala e conclui que "*talvez o termo não seja se incomodar, mas se importar com eles então, já ajuda bastante*". Ela afirma que não possui técnicas especializadas para alfabetizar, que enfrentou dificuldades, que pesquisou diferentes materiais que atendessem às dificuldades de cada um, obtendo bons resultados:

> Eu utilizei aqueles joguinhos móveis com as plaquinhas de madeira com as letras, sentada junto a eles. Foi bastante difícil. Tive algumas dificuldades, inclusive com os outros alunos, porque eles achavam que eu passava muito tempo com aqueles. Eu tinha três crianças desse nível numa 5ª, e eu passava muito tempo com eles enquanto que os outros estavam assim, meio esquecidos. Fui trabalhando, fui contornando a situação. Porque, para mim é inadmissível uma criança passar pelas minhas mãos e sair daquele jeito (Santina).

De acordo com alguns autores, entre eles André (1999), a diferenciação requer uma tomada de consciência a respeito dessas diferenças, o que exige uma grande investigação sobre as situações de aprendizagem que sejam significativas para os alunos, o que foi exercido pela professora Santina, que assim tentou proceder e exemplifica:

> Eu trabalhava em sala de aula. Levava revista, levava gibizinho para eles, ia mostrando as letras, ia juntando com as plaquinhas, as letras, para formar as sílabas, e das sílabas fazer a formação das palavrinhas para fazer a leitura.
>
> Foi extremamente difícil porque eu não sou alfabetizadora. Eu não sei alfabetizar. Eu fazia aquilo de certa forma assim, para não prejudicar a sala, e eu fui trabalhando com eles. Foi assim, compensador, mas foi difícil para mim também (Santina).

Ao tomar consciência das desigualdades existentes entre seus alunos, ela incentivou-os tanto para o trabalho em grupo como analisou a complexidade da situação e as contradições e propôs a pedagogia diferenciada. Trabalhou com as dificuldades individuais e incluiu os alunos-adolescentes em diferentes grupos. Acreditou que as parcerias e o trabalho em grupo poderiam auxiliar os alunos com maior dificuldade, pois os parceiros mais experientes poderiam contribuir para o desenvolvimento dos colegas, além de melhorar as relações interpessoais em sala de aula:

> Eu não tenho essa noção de como fazer essa alfabetização certinha. Foi muito, primeiro por intuição quando eu percebi, e, depois, pedia ajuda para os colegas. Alguns diziam: mas isso não é sua função. Eu sei que não é função minha, mas me incomoda muito deixar essa criança sair das minhas mãos desse jeito. Aí, eu fui trabalhando, trabalhando. Hoje, os três que eram os casos mais graves estão na 7ª série, ainda têm muitas dificuldades em escrever, mas leem muito bem. Têm dificuldade, sim, de escrita ainda, mas já leem muito bem. Porque antes eles não liam a palavra "mão".

Ela pesquisou e trabalhou de forma a conseguir a alfabetização desses alunos quando ingressam na 5ª série. Acredita no valor da atividade grupal como enriquecedora, porém afirma que é necessário estabelecer as bases da comunicação oral e escrita, conforme relata em seu depoimento:

> Então, hoje, na 7ª série, eles já leem e leem na frente na sala quando tem uma atividade. Mas, foi difícil para mim. Foi. Porque eu tive que aguentar a comunidade, alguns pais falando, e até as próprias crianças, mas, por outro lado é compensador. São crianças que são muito minhas amigas (Santina).

A professora Santina mostrou o resultado de seu trabalho através de alguns dos textos produzidos pelos alunos-adolescentes que se encontravam na 7ª série. Constatei que, embora tenham muitas dificuldades na escrita, conseguem ler e compreender o que leem conforme foi relatado por ela. Tive oportunidade de consultar os textos produzidos, porém não obtive autorização para compilar. Posso dizer que ela acreditou que era possível e necessário se envolver no plano emocional e interpessoal para conseguir trabalhar com os conteúdos e promover o ensino da leitura e escrita para adolescentes com deficiência mental.

REVISITANDO O ESTUDO

Decorridos seis anos do encerramento, "revisito o estudo" e na prática volto à unidade escolar, lócus da pesquisa, na cidade de Diadema, para conhecê-la, pois a mesma mudou-se da região central para um bairro mais distante. Fico feliz pela experiência, pois há muitas novidades, entre elas, uma grande mudança para um prédio novo, maior e com boa acessibilidade, com rampas, corredores e portas largas, elevador e quadra coberta, pois o antigo prédio foi demolido.

Mas fico ainda mais contente, pois marquei entrevista e, ao chegar ao novo prédio, e aguardar para ser recebida, encontro a professora Santina, de Língua Portuguesa, que teve seu "caso em destaque", assim como outros professores e alunos, no pátio interno, pois estão preparando uma exposição de trabalhos, com quadros de releituras de autores e obras criativas efetuadas durante um projeto interdisciplinar. O fato me emocionou, pois em minha primeira visita à escola, ainda no prédio antigo, o mesmo fato ocorreu e eles se preparavam, naquela época, para uma exposição cultural.

A sala de aula e o material da exposição foi fotografado, e dele destaco alguns trabalhos, a seguir:

Cacalano (2010) foto 1 – Sala de Apoio

Cacalano (2010) foto 2 – Exposição

Cacalano (2010) foto 3 – Produção dos alunos

Cacalano (2010) foto 4 – Exposição

Cacalano (2010) foto 5 – Exposição

Cacalano (2010) foto 6 – Exposição

Durante a entrevista, a professora Santina cita as transformações ocorridas, entre elas, que hoje a Escola Estadual abriga o Ensino Fundamental II, do 6ª ao 9ª anos, e também o Ensino Médio, embora, segundo ela, as dificuldades foram muitas com a mudança de prédio, visto que no ano de 2009 a clientela permaneceu a mesma, porém, em 2010, muitos alunos procuraram o Ensino Médio mais próximo de suas residências.

Quando explico o motivo da entrevista, "retomar o estudo sobre os adolescentes com deficiência", seu rosto se ilumina, pois graças à sua persistência em demonstrar que os professores precisavam de apoio para desenvolver o trabalho com adolescentes com deficiência, foi instalada uma Sala de Apoio Pedagógico no novo prédio escolar. Interessada no meu estudo, ela levou-me de imediato para conhecer o novo prédio e a Sala de Apoio, que foi acessada, por elevador, já original da construção do prédio.

Mas, o mais interessante, é que ao bater na porta da sala de aula, ela e eu nos deparamos com uma surpresa gratificante. A professora que abriu a porta era nada menos que minha ex-aluna do Curso de Formação de Professores com Habilitação em Educação Especial para Deficientes Mentais, no curso de Pedagogia, da Fundação Santo André.

O gratificante foi rever a ex-aluna, com desempenho na área específica de formação e excelente atuação na Sala de Apoio Pedagógico no trabalho com as crianças e adolescentes daquela escola e de outras da vizinhança, em cujo cotidiano há orientação para pais e professores, conforme informações da professora Santina e da Diretora da unidade escolar, assim como, da própria docente, com a qual conversei durante três horas, naquele mesmo dia. Marquei novas visitas para observações e para me inteirar das modificações pedagógicas ocorridas, assim como, observar e conhecer mais profundamente o trabalho dela

Na Sala de Apoio Pedagógico, ela utiliza os recursos disponíveis, como uso do computador, de textos e desenhos ampliados, da dramatização, dos jogos simbólicos e de regras, do desenho, da pintura, das habilidades motoras globais em atividades com o movimento dentro da sala ou no pátio e na quadra. Também elaborou um caderno individual em que faz anotações sobre cada um dos alunos. Nesse caderno envia comunicados e cartas para os professores das salas comuns ou para os pais. Coloca, ainda, informações específicas sobre o tipo de deficiência e necessidade do aluno, para que pai e professores possam compreender o que ocorre e, assim, colaborar com o desenvolvimento do aluno.

Nas Salas de Apoio, há alunos da própria unidade escolar, em geral, adolescentes do 5º ao 7º anos do Ensino Fundamental, a maioria entre 11 a 14 anos de idade, em plena puberdade ou no considerado estirão de crescimento, em que o novo corpo, citado por Daolio (1994), também ocorre certa defasagem entre a coordenação motora e o desenvolvimento ósseo/muscular, o que acirra, de certo modo algumas dificuldades dos adolescentes em aceitar “seu novo corpo”, ainda mais se também ocorre um quadro de deficiência associada nesse período de desenvolvimento.

Observei as fichas de informação dos prontuários dos alunos que frequentam a Sala de Apoio e travei contato com a professora sobre o desenvolvimento e o aproveitamento de cada um deles. As informações que ela dispõe são muito interessantes e pormenorizadas, o que, certamente, não ocorreria com professores sem uma formação específica. Há folhas de registros de atividades, assim como pastas individuais e registros semanais, e, às vezes, diários sobre o progresso de cada aluno, guardados com seus trabalhos mais significativos, além de Relatórios de encaminhamento e dos cadernos de comunicação entre o docente, os pais e os professores, com sugestões de atividade e de acompanhamento nas salas regulares.

Em uma das oportunidades de visita, entrevistei, formalmente, a professora e refiz as questões que haviam sido aplicadas, anteriormente, aos participantes da pesquisa. A entrevista foi transcrita e dela cito várias informações.

Em relação às necessidades dos alunos com deficiência mental, atualmente, denominada como deficiência intelectual nos meios escolares, a professora afirma que:

> As necessidades são tantas e até primárias, pois quando chegam à Sala de Apoio Pedagógico, se encontram com baixa autoestima, muitas vezes rebeldes, sem limites. Tentam afrontar o professor "mais novo". Nota que eles não têm opção de escolha e ao serem questionados ficam apáticos e as respostas são jogadas para a professora resolver.

Segundo ela, "devagar vou mudando esse quadro, sempre olhando próximo à criança e o que ela precisa para viver lá fora". E completa que, "Depois de tudo isso verificado e equilibrado, me sinto 'uma professora de alfabetização', que procura caminhar devagar para cumprir o papel social da escola"

Quando questionada sobre as dificuldades dos adolescentes e suas dificuldades intelectuais, ela afirma:

> Eles têm dificuldades para se reconhecer, participar, ser cordial e até em esperar. Eles ainda não têm a sabedoria da espera. Eles demonstram, principalmente, que "eu tenho que saciar a vontade deles". Ao mesmo tempo dá a impressão que: "nós que somos normais e, até mesmo instrumen-

> tos, objetos mesmo", até se conseguir obter essa amizade, essa parceria e cumplicidades com eles. Depois tudo flui naturalmente (Verinha).

Mas, também é muito interessante o posicionamento dela em relação às necessidades e dificuldades dos professores de alunos–adolescentes, pois percebe não só as dificuldades mais o preconceito e o medo, visto que "muitos têm dificuldade até em aceitar que os alunos com deficiência façam parte de sua lista de alunos". E continua, "Devido ao medo se sentem incomodados com a presença apática ou hiperativa deles". O que se apresenta muitas vezes como, um dos extremos de comportamento de alunos com deficiência intelectual.

Ela atribui isso à falta de conhecimentos e ainda considera que

> se eles também tivessem mais conhecimentos sobre esses alunos, também teriam a coragem de ousar e até de se dar o direito de errar e de acertar (Verinha).

Quando ela nota certa insegurança e percebe que estão incomodados até em manter o nome dos alunos em sua lista de chamada, ela tenta se aproximar dos professores, e envia a eles o "caderno itinerante", com anotações, recados, sugestões e recortes coletados de artigos sobre as deficiências e as dificuldades apresentadas pelos alunos, para que se estabeleça uma parceria entre ela (professora da Sala de Apoio) e os demais professores da própria escola ou de outras da região.

Ao perceber que há insegurança em relação à criança, e que muitas vezes o caderno demora muitos dias a ser devolvido, com as respectivas anotações, ela procura manter um contato pessoal para sanar as inseguranças relativas à criança. Procura esclarecer que a criança ou adolescente deve ser considerado como um aluno e não como um deficiente ou doente.

A partir daí, fica mais satisfeita porque seu maior objetivo foi alcançado. Houve uma "incomodação", mas a professora passa a enxergar "a criança" e não "a deficiência". Segundo ela: "Esta é a parte mais importante. [...] consigo essa parceria "com o professor", ele vai se sentindo mais seguro e daí começamos a falar a mesma linguagem" (Verinha).

Noto que a professora especialista, com "Habilitação específica" para o trabalho com a deficiência mental, se vale das relações interpessoais para se aproximar tanto dos demais professores quanto dos pais, com os quais faz um trabalho específico, com várias reuniões, palestras relâmpago e encaminhamentos. Ao relatar seu trabalho pedagógico, seu rosto se ilumina, demonstra vontade, esforço, gosto pelas atividades e felicidade em poder ampliar o desenvolvimento dos alunos e seus pais, como ela mesma afirma: "para melhorar o modo de ver a vida e de viver, e para incluí-los de forma cidadã".

A partir da afirmação dela sobre os trabalhos de pintura que foram concluídos, tomo a decisão de fotografar os trabalhos dos alunos, pois, "se a gente não sabe que foi um DM que fez, não questiona e fica tudo normal. Agora, quando a pessoa que vê, sabe que foi feito por um deficiente, fica boquiaberta", como exemplifico, com fotos da produção dos alunos.

Produção Artística de Alunos da Sala de Apoio Pedagógico

Cacalano (2010) foto 7 – Produção dos alunos

Cacalano (2010) foto 8 – Produção dos alunos

Cacalano (2010) foto 9 – Produção dos alunos

Cacalano (2010) foto 10 – Produção dos alunos

Cacalano (2010) foto 11 – Produção dos alunos

Cacalano (2010) foto 12 – Produção dos alunos

A professora considera que, depois desse trabalho, se reconhece como gente e que tem ainda mais ou menos quatro meses para realizar oficinas, roda de conversa e muitas outras atividades. Então, os alunos acabam se conhecendo melhor, assim como à professora. Ela observa que na Sala de Apoio Pedagógico não há lugar para “certo ou errado”, mas que tudo o que eles fizerem, naquele momento, ela dará uma devolutiva, que pode ser negativa ou positiva. Mas, tudo é muito autêntico, pois “demonstro o que é certo ou errado dentro de nossa realidade, e desta forma vou ganhando a credibilidade dos alunos” (Verinha).

Acredita que nessa aproximação, muitas vezes, ela se transforma na ponte entre os alunos e as famílias para resolver conflitos, e se conhecer na intimidade. Ainda reafirma que “eles não têm vergonha de dizer que paqueram na escola, que mandam bilhetinhos, que trapacearam, e há até alguns que já fizeram sexo”, e comentam, pois sentem que graças à ampliação de suas relações interpessoais e da confiança ela faz intervenções nesses conflitos" sempre com sinceridade e carinho, fazendo-os refletir sobre suas próprias ações" (Verinha).

Nesse ponto de seu depoimento, a professora Verinha lembrou-se ainda do Projeto "Bruxas e Fadas", em que a bruxa e a fada eram a mesma pessoa, apenas dependendo da situação real em que se encontravam. Passou a explorar positivamente todas as produções, a dramatização, os desenhos, a escrita, o uso do computador para compor as pequenas histórias e ampliar a leitura e a escrita. Ela ainda se recorda que ninguém desejava mais ser bruxa ou bruxo, mas apenas fadas ou príncipes. E "desta maneira, todos mudaram seus comportamentos inadequados" TODOS!

> Foi incrível! Quando comecei não tinha a compreensão de como isso ocorreria. Mas, conforme os dados foram positivos, fui ampliando e investindo mais nesse projeto. Os alunos produziram livros: primeiro os Fadas e Bruxas. Depois tomaram gosto pelas atividades e decidiam durante a roda de conversa que fariam livros para presentear uma pessoa querida (Verinha).

> Então eles tiveram a compreensão de relacionar a idade das pessoas com a história, por exemplo: Chapeuzinho Vermelho para crianças de 3 e 4 anos de idade; Branca de Neve para mocinhas que gostam de ter um príncipe, nessa idade. Tudo saindo do "faz de conta", para a realidade (Verinha).

A partir daí a professora notou que todos os alunos ampliaram sua autoestima, e começaram a cuidar dos cabelos, da maquiagem. Então ela entrou no faz de conta com os alunos, e também trocou produtos de maquiagem com as alunas, assim como trocaram presentes, bilhetes, cartas, livros e até produziram oficinas de arte e de movimento. Ela se reporta às dificuldades motoras que esses adolescentes encontram, na mudança e perda do corpo infantil no período da puberdade, com um agravante, pois devido ao uso de remédios, que muitos deles tomam, também ocorrem interferências em sua coordenação motora.

Penso que a professora Verinha tomou medidas pedagógicas

conforme já indicava Vygotsky em seus estudos, pois o mesmo afirmou que, através da educação, está em nossas mãos uma possibilidade de eliminar uma das causas imediatas do desenvolvimento incompleto das funções superiores. Através de uma pedagogia educativa concreta capaz de exercer influências sobre os indivíduos, ele propõe, em primeiro plano, a realização de atividades coletivas e sua consequente aplicação às pessoas com atraso mental, que desenvolverão de forma colaborativa, primeiro a função da conduta coletiva, como forma de interação, e depois, a conduta individual. Isso, certamente, ocorreu com esse grupo de alunos e professora, e permitiu novas intervenções na realidade.

Sem se dar conta, a professora também faz intervenções quanto ao pensamento conceptual que, conforme afirmou Vygotsky, também é uma conquista que depende da mediação do professor, para a qual o autor ressaltou que “se o meio ambiente não desafiar, exigir e estimular o intelecto do adolescente, esse processo poderá se atrasar ou mesmo não se completar”, não chegando aos estágios mais elevados que envolvem as operações intelectuais mais amplas do raciocínio e da resolução de problemas.

Nesse caso, através de sua prática pedagógica com alunos de diferentes níveis de desenvolvimento, a professora estabeleceu relações interpessoais mais próximas de cada aluno e do grupo social, assim como fez uso da mediação, que facilitou suas intervenções. Ela relata e documenta como planejou e colocou em andamento atividades de Educação Física, de Artes e de Linguagem, que em suas afirmações “são supernecessárias e importantes” para desenvolver e ampliar as habilidades motoras e promover o ajustamento da coordenação motora, para proporcionar movimentos de maior precisão nos jogos, assim como, no desenho, na pintura, na escrita e na comunicação. Assim, ela demonstra mais uma vez que “acreditar é preciso”.

ACREDITAR É PRECISO

Embora, esta pesquisa tenha se centrado nas concepções que professores têm dos adolescentes com deficiência mental, incluídos nas classes regulares de 5ª a 8ª séries, atualmente do 6º ao 9º anos do Ensino Fundamental II, a formação de professores se salientou como um elemento fundamental nos depoimentos. Como formadora de professores, não posso deixar de comentá-los.

Muitos são sensíveis e vimos que, nessa sensibilidade, a escola deveria firmar-se como espaço "*privilegiado das relações sociais para todos*", no qual se desenvolveria a solidariedade, tolerância, aceitação e cooperação que têm sido atitudes raras no âmbito da escola, e, que a ausência dessas atitudes pode proporcionar a exclusão. Assim, a escola pode excluir não só aqueles que têm deficiências, mas também, outros jovens.

Ao comparar as palavras utilizadas por alguns professores com as teorias, parece haver duas diferentes concepções sobre a inclusão dos alunos com deficiência mental que frequentam o ensino regular.

A primeira é a concepção formulada por estudiosos que nos alertam sobre a necessidade de rever as políticas públicas e a formação de professores para lecionar na área da deficiência mental. Segundo essa concepção, os deficientes mentais podem frequentar as classes regulares, desde que os professores tenham informações e formação para organizar os projetos de inclusão. Nesse sentido, atualmente, é usual referir-se a eles, no interior da escola, como pessoas com deficiência intelectual.

A segunda concepção é enunciada por professores da rede pública de ensino, que desamparados, fazem críticas à organização do sistema escolar. Há os que concordam parcialmente com a colocação dos alunos-adolescentes em suas classes, desde que recebam orientação e há aqueles que discordam dessa colocação, como se não fizessem parte do sistema escolar, ou como se não desejassem fazer parte. A crítica que fazem, na realidade, tem a ver com o fato de se considerarem desrespeitados; por não saberem o que fazer com os alunos na sala de aula.

Prefiro considerar algumas das afirmações dos participantes como "um urgente pedido de apoio". Essa urgência requer ações que envolvam a formação dos professores, antes que a descrença no papel da escola pública se amplie, as relações interpessoais se deteriorem e o conformismo com o fracasso escolar tanto dos alunos quanto dos próprios professores tome conta do ambiente.

É necessário que a escola, conforme adverte Vygotsky, seja o local privilegiado, nela o processo de ensino-aprendizagem ocorra de modo intencional e se organizem os processos de intervenção em que os professores sejam agentes do ensino-aprendizagem. Nesse contexto os docentes assumem seu papel de educadores responsáveis e conscientes de suas intervenções e dos progressos a serem alcançados pelos educandos com maior ou menor experiência, com ou sem deficiência.

Penso que é difícil classificar "se é um pedido de apoio ou de socorro" o que um dos participantes da pesquisa assinalou através de duas frases: "acho que algo tem que ser feito, estudado, pois passam anos, muda-se a metodologia e cada vez temos mais problemas, aprende-se menos" e "A escola pública está deixando a desejar". Nessas frases, esboçam-se as contradições existentes, pois se as estratégias foram mudadas e os problemas são maiores, as concepções de aluno do "tipo ideal" parecem ter se cristalizado.

É preciso que se tome consciência da importância de operar mudanças nas relações sociais da escola, se realmente se desejar obter sucesso no processo de inclusão. Pode-se dizer que não há um livro de regras com informações prontas sobre as atitudes a serem tomadas. Estas precisam ser construídas pelo grupo responsável pelas ações escolares, ou seja, "é necessário derrubar o muro das escolas para aproximá-las da realidade", como afirmou Vygotsky, e construir novas relações interpessoais com aquelas pessoas que apresentam "diferenças" ou "divergências", isto exige novas concepções.

Novas concepções requerem que a comunicação se estabeleça de forma diferenciada: contemplando tanto atitudes quanto sentimentos. Enfim, as relações seriam tão valorizadas quanto às possibilidades em trabalhar com os conceitos científicos no processo de aprendizagem. Nelas, as pessoas se enobreceriam pelo respeito pessoal, pela cooperação e parcerias. Haveria, porém, regras e exigências.

Deveriam se organizar ações para atender as dificuldades dos alunos. Seriam propostas atividades individuais e em grupos, com intervenção do professor que as planejaria segundo as necessidades dos alunos.

Alguns depoimentos de participantes da pesquisa se aproximam dessa realidade, conforme se pôde ver nas experiências de sala de aula dos professores Aleixo e Santina (docentes de Matemática e Língua Portuguesa) e da professora da Sala de Apoio Pedagógico. Tal modo de trabalhar atende tanto os adolescentes com deficiência mental quanto beneficia os demais.

Antes de culpabilizar o aluno adolescente com deficiência mental, é importante planejar ações, o que requer mudanças de concepção; mudanças essas que envolvem a sociedade de modo geral, assim como a comunidade mais próxima, a família e os professores que irão lecionar nas classes regulares. Essas ações poderiam se iniciar na própria escola, com o levantamento de informações disponíveis sobre o tema, por intermédio de textos e de pesquisas já realizadas, por exemplo, ou ainda, por relatos de experiência de outros grupos de professores que já desenvolveram projetos com sucesso. Esse início poderia ocorrer nas reuniões de planejamento e de horário de trabalho pedagógico coletivo (HTPC), nas quais o grupo de professores poderia não só fortalecer a cooperação, deixando de lado seus receios ao partilhar as próprias experiências, como também formar grupos de estudo sobre a deficiência e a inclusão.

As informações sobre a cidade em que a escola–alvo da pesquisa está situada mostraram a existência de escolas das redes municipal e estadual. Na rede municipal, segundo o levantamento, há equipe de apoio pedagógico para orientar os professores que lecionam da 1ª a 4ª séries e professores itinerantes que visitam as escolas para orientar os professores em cujas classes há alunos com deficiência. Os professores especialistas também realizam observações e atendem os alunos que são encaminhados, posteriormente, para diagnóstico.

Nas escolas da rede estadual, os professores não recebiam esse tipo de atenção e orientação. Na Diretoria de Ensino, no período da pesquisa inicial, havia um único professor especializado responsável pela Educação Especial, e esse professor realizava contatos, orientava e difundia conhecimentos para professores de 67 escolas. Entre essas escolas, estão 40 unidades, nas quais há 53 alunos com deficiência intelectual, sem contar as demais áreas. Logo, era quase impossível dar conta da demanda.

No entanto, esse especialista poderia, em conjunto com os professores das escolas da rede estadual reivindicar, junto ao poder público estadual, melhores condições de trabalho, bem como palestras e cursos de formação em parceria com as Universidades Públicas ou outras, que pudessem transmitir informações e orientar a formação de grupos de estudo nas próprias escolas. Esses grupos talvez pudessem contar com os relatos de experiência dos professores da rede municipal, que já iniciaram há mais tempo seus projetos de inclusão. Porém, a instalação de Classes de Apoio Pedagógico, que já era direito, agora representa uma conquista e uma vitória desse grupo de educadores, que acreditam em seu trabalho docente.

Concluo, (re)lembrando as frases de alguns desses professores com os quais tive a oportunidade de discutir e aprender.

Um dos professores (com quem tive a chance de conversar por mais tempo) sonhou com uma escola em que "os jovens reuniam-se ao redor de um mestre" para juntos, filosofar e encontrar caminhos. Entristecendo-se, porém, completou: "*entretanto, hoje, a escola não é lugar agradável, o que nos leva a repensar seus destinos*".

Dessa nossa troca de ideias, emergiram imagens de situações que também são percebidas pelos alunos. São imagens que provocam desconforto e dor. Trata-se daquilo que lhes (e nos) desagrada, tal qual uma dor simbólica que se manifesta, indiretamente, pelo afastamento dos alunos da figura de seus mestres.

Para finalizar, parafraseio a fala de outro professor: "Ao mesmo tempo, o professor não deve perder a esperança, deve sempre ser um sonhador". Para que isso aconteça, é preciso que todos se conscientizem, com urgência, da necessidade de transformar a escola em um lugar agradável para todos, professores e alunos. Esta esperança exige um esforço tão grande, que só com muito estudo, atenção, bom humor e muitos sonhos poderemos construir. Acreditar é preciso.

REFERÊNCIAS

ABERASTURY, A.; KNOBEL, M. *Adolescência Normal.* 10. ed. Porto Alegre: Artes Médicas, 1992.

ALMEIDA, L. S. Avaliação psicológica e suas implicações na visão dos órgãos de classe. In: *II Encontro Nacional sobre Testes Psicológicos e I Congresso Ibero-Americano de Avaliação Psicológica.* Porto Alegre: PUCRS, de 02 a 05 de julho, 1997, p. 65, 67.

______. Avaliação cognitiva: perspectiva para intervenções educacionais. In: *VII Encontro Nacional sobre Testes Psicológicos e I Congresso Ibero-Americano de Avaliação Psicológica.* Porto Alegre: PUCRS, de 02 a 05 de julho, 1997, p. 30, 31.

ALMEIDA, L. R. e PLACCO, V. M. N.S. (Orgs.). *As relações interpessoais na formação de professores.* São Paulo: Edições Loyola, 2002.

______. O relacionamento interpessoal na coordenação pedagógica. In: ALMEIDA, L. R., PLACCO, V. M. N. S. (Orgs.). *O coordenador pedagógico e o espaço da mudança.* São Paulo: Edições Loyola, 2001.

AMARAL, Ligia Assumpção. *Pensar a Diferença*: Deficiência. Brasília: Corde, 1994.

______. Algumas reflexões sobre a (r)evolução do conceito de deficiência. In: *Temas básicos de Educação Especial 3.* São Carlos: EDUFSCAR, 1996, p. 99;106.

______. Diferenças, Estigma e Preconceito: O Desafio da Inclusão. In: OLIVEIRA, M. Kohl, et al. (Orgs.). *Psicologia, Educação e as Temáticas da Vida Contemporânea.* Série Educação em Pauta, Teorias & Tendências. São Paulo: Editora Moderna, 2002. p. 233, 248.

AMERICAN ASSOCIATON FOR MENTALLY RETARDED, AAMR, Classificação de Retardo Mental, 1992.

AMIRALIAN, Maria Lúcia T. M. Psicologia do Excepcional. In: *Temas Básicos de Psicologia.* V. 8. São Paulo: EPU, 1986.

ANDRÉ, Marli E. D. A de. Desafios da pesquisa sobre a prática pedagógica. In: *Anais do IX ENDIPE*, Olhando a qualidade do ensino a partir da sala de aula, 1998. p. 256, 266.

______. (Org.). *Pedagogia das diferenças na sala de aula.* Campinas: Papirus, 1999. p. 152.

______. *Etnografia da Prática Escolar.* 4. ed. Campinas: Papirus, 2000.

______. Questões metodológicas na investigação dos saberes docentes sobre avaliação. In: *Desatando os nós da formação docente.* Porto Alegre: Editora Mediação, 2002. p. 65, 77.

ARRUDA, Angela (Org.). *Representando a alteridade*. Petrópolis, RJ: Vozes, 1998.

ASSUMPÇÃO, Francisco Batista Jr. *Deficiência Mental, Família e sexualidade*. São Paulo: Editor Francisco B. Assumpção Jr., 1993.

______. *Transtornos afetivos da infância e adolescência*. Edição do Autor, 1997.

BARBOSA, Altemir J. G.; MOREIRA, Priscila de S. Deficiência Mental e Inclusão Escolar: Produção Científica em Educação e Psicologia. In: *Revista Brasileira de Educação Especial*, Marília, v. 15, n. 2, p. 337, 352, maio, agosto, 2009.

BERTOLOTTE, J. M. et al. *Glossário de termos de psiquiatria e saúde mental da CID-10 e seus derivados*. Porto Alegre: Artes Médicas, 1997.

BOGDAN, Roberto C., e BIKLEN, Sari K. *Investigação qualitativa em educação*. Trad. Maria J.Alvarez, et al. Porto, Portugal: Editora Porto, 1991, ed. 1999.

BRASIL, Ministério da Educação, Cultura e Desporto. Lei 8.069/90, *Brasil criança, urgente*. São Paulo: Columbus Cultural, 1990.

______. Subsídios para formulação da Política Nacional de educação especial. Brasília, 1993.

______. Política Nacional de Educação Especial. Secretaria Nacional de Educação Especial, Brasília, 1994.

______. Lei 9.394/96, Lei de Diretrizes e Bases da Educação Nacional, LDBEN, Brasília, 1996.

______. Trabalho e consumo. In *Temas transversais do Parâmetro Curricular nacional*, Brasília, 1998.

______. Diretrizes Nacionais para a Educação Especial na Educação Básica/ Secretaria de Educação Especial, MEC; SEESP, Brasília, 2001.

______.Política Nacional de Educação Especial na Perspectiva da Educação Inclusiva. Documento elaborado pelo Grupo de Trabalho nomeado pela Portaria Ministerial n. 555, de 5 de junho de 2007, prorrogada pela Portaria n. 948, de 09 de outubro de 2007.

______.Leis. Decreto Federal n. 6.571/ 2008. Dispõe sobre o Atendimento Educacional Especializado, Regulamenta o parágrafo único do Artigo 60 da Lei número 9.394, de 20 de Dezembro de 1996, e acrescenta dispositivo ao Decreto número 6.253, de 13 de Novembro de 2007. Brasília, 17 de Setembro de 2008.

BRASIL, M. A .S./ CORDE, Ministério da Justiça, Coordenadoria nacional de integração da pessoa portadora de deficiência, *Política nacional de integração da pessoa deficiente*. Brasília, 1994.

CACALANO, Elisabeth N. K. *Um estudo de caso sobre a educação infantil e a representação social no processo de integração da criança com necessidades educacionais especiais*, 1998. p.140. Dissertação (Mestrado em Educação) Universidade Presbiteriana Mackenzie. São Paulo.

______. A representação social da deficiência e suas relações históricas como doença, anormalidade e desvio, *Revista do Colégio Brasileiro de Ciências do Esporte*, CBCE. Florianópolis, setembro de 1999.

CANDAU, V. M. (Org.). *Rumo a uma nova didática*. 13. ed. São Paulo: Vozes, 2002.

CANGUILHEM, G. *O Normal e o patológico*. 2. ed. Rio de Janeiro: Universitária Florense, 1982.

CARMO, A .A. *Deficiência física: A sociedade brasileira cria, "recupera" e "discrimina"*. 2. ed. Brasília: Secretaria dos Desportos, 1994.

CARVALHO, Marilda G. T. *A lei genética geral do desenvolvimento cultural em Vigotski e em autores brasileiros*, 2002. 151. p. Tese (Doutorado em Psicologia da Educação) Pontifícia Universidade Católica. São Paulo.

CHARLOT, B. *Da relação com o saber: elementos para uma teoria*. Trad. Bruno Magne. Porto Alegre: Artes Médicas, 2000.

______. *Os jovens e o saber: perspectivas mundiais.* Trad. Fátima Murad. Porto Alegre: Artes Médicas, 2001.

COLL, C.; PALÁCIOS, A.; MARCHESI A. (Org.). *Desenvolvimento psicológico e educação: psicologia da educação.* Trad. Angélica Mello Alves. Porto Alegre: Artes Médicas, v. 1, 1996.

CORREIA, L. *Alunos com necessidades educativas especiais no ensino regular.* Porto, Portugal: Porto Editora, 1997.

DAOLIO, J. Contribuições da antropologia ao estudo da aprendizagem motora, In: *Revista Brasileira de Ciências do Esporte, Campinas*, n. 2, vol. 10, p. 65, 68, 1989.

______. *Da cultura do corpo.* Campinas: Papirus Editora, 1995.

DOMINGUES, Simone F. da S. *Os testes de inteligência e seu uso na educação*, 2001. 106 p. Dissertação (Mestrado em Psicologia da Educação) Pontifícia Universidade Católica. São Paulo.

DORON, Roland & PAROT, Françoise. *Dicionário de psicologia*. São Paulo: Editora Ática, 2001.

ELKONIN, D. B. *Psicologia do jogo.* Trad. Álvaro Cabral. São Paulo: Martins Fontes, 1998.

ERIKSON, Erick H. *Identidade, juventude e crise.* 2. ed. Rio de Janeiro: Zahar Editores, 1976.

FERREIRA, A. B. de H. *Dicionário Aurélio Básico da Língua Portuguesa*. São Paulo: Ed. Folha de São Paulo, 1995.

FERREIRA, Júlio Romero. *A exclusão da diferença*. Piracicaba: Editora Unimep, 1993.

______. A nova LDB e as necessidades educativas especiais. *Cadernos Cedes, ano XIX*, n. 46, São Paulo, set. de 1998.

FERREIRA, Júlio R., e GLAT, Rosana. Reformas educacionais pós-LDB: a inclusão do aluno com necessidades especiais no contexto da municipalização. In: *Desafios da educação municipal*. Rio de Janeiro: DP & A. Editora, 2003. p. 372, 390.

FICHTNER, Nilo (Org.). *Prevenção, diagnóstico e tratamento dos transtornos mentais da infância e da adolescência:* um enfoque desenvolvimental. Porto Alegre: Artes Médicas, 1997.

FRAWLEY, W. *Vigotsky e a ciência cognitiva*: linguagem e interpretação das mentes social e computacional. Trad. Marcos A.G. Domingues. Porto Alegre: Artes Médicas, 2000.

GARCIA, R. L. *O corpo dentro e fora da escola.* Rio de Janeiro: DP & A. Editora, 2002.

GOFFMAN, E. *Estigma: notas sobre a manipulação da identidade deteriorada*. 4. ed. Rio de Janeiro: Zahar Editores, 1982.

GOYOS, Antonio C. de N. *A profissionalização de deficientes mentais: estudo de verbalizações de professores acerca dessa questão.* 1986. 231 p. Tese (Doutorado em Psicologia) Instituto de Psicologia da USP. São Paulo.

______. *Temas em educação especial 3*, (Org.). São Carlos: EDUFSCAR, 1996, 580 p.

GRUNSPUM, Haim. *Crianças e adolescentes com transtornos psicológicos e do desenvolvimento.* São Paulo: Editora Atheneu, 1999. p. 179, 186.

HEBER, R. A. A Manual on terminoly and classification in mental retardation. In: *Américan Journal on Mental Deficincy Monograph*, 1959. (Supp. 64).

INSTITUTO BRASILEIRO DE GEOGRAFIA E ESTATÍSTICA, IBGE. Censo demográfico brasileiro, Brasília, 2000.

INEP/ MEC. Censo Escolar de 2002 e de 2003.Disponível em: www.inep/mec.gov.br. Acesso em: 29 nov. 2003.

______. Educacenso: 2007, 2008, 2010/2011. Disponível em: www.inep/mec.gov.br. Acesso em: 30 maio 2011.

JANNUZZI, G. *A Luta pela educação do deficiente mental no Brasil.* 2. ed. Campinas: Editora Autores Associados, 1992.

______. Deficiência mental, cidadania e política, In: Temas em Educação Especial 3. São Carlos: Ed. EDUFSCAR, 1996. p. 107, 118.

KAHHALE, Edna M. Peters (Org.). *A diversidade da psicologia:* uma construção teórica. São Paulo: Editora Cortez, 2002.

KASSAR, Mônica. Liberalismo, neoliberalismo e educação especial. *Revista do Colégio Brasileiro de Ciências do Esporte,* CBCE, Goiânia, v. 1, set. 1999.

______. *A deficiência mental na voz das professoras*, 1993. Dissertação (Mestrado em Educação), Universidade Federal de Mato Grosso do Sul. Mato Grosso do Sul.

KNOX, J. E., STEVENS, C. Vygotsky and soviet russian defectology: na introduction. In: VYGOTSKY, L.S. The collect works of L. S. Vygotsky: *the fundamentals of defectology.* New York, London: Plenum Press, 1993. p. 1, 25, 2 v.

LA TAILLE, I. Vygotsky e o processo de formação de conceitos. In: *Piaget, Vygotsky e Wallon*: teorias psicogenéticas em discussão. São Paulo: Summus, 1992.

LEITE, L. B.; GALVÃO, Isabel (Org.). *A educação de um selvagem: As experiências pedagógicas de Jean Itard.* Trad. Lucy Banks. São Paulo: Editora Cortez, 2000, p. 227, 228.

LEONARDO, Nilza S. T. (et all). Inclusão Escolar: um estudo acerca da implantação da Proposta em Escolas de Ensino Básico. In: *Revista Brasileira de Educação Especial*, Marília, v. 15, n. 2, p. 289, 306, Maio-Agosto, 2009.

LEVI, G.; SCHMITT, C. (Org.). *História dos Jovens.* Trad. Paulo Neves, Nilson Moulin, Maria Lúcia Machado. São Paulo: Companhia das Letras, v. 2, 1996.

MACMILAN, D. L.; GRESHAN, F. M.; SIPERSTEIN, G. N, Conceptual and psychometrics concerns about the, AAMR Definition of mental retardation. AMERICAN JOURNAL OF MENTAL RETARDATION, 1992, 1993, 98, p. 325, 335.

MAILHIOT, Gérald B. *Dinâmica e gênese dos grupos.* São Paulo: Livraria Duas Cidades, 1981.

MANACORDA, Mário A. *História da educação.* São Paulo: EPU, 1992.

MANZINI, Eduardo José. *Formas de raciocínio apresentadas por adolescentes considerados deficientes mentais*: identificação através do estudo de interações verbais, 1995. 115 p. Tese (Doutorado em Psicologia) Instituto de Psicologia da USP. São Paulo.

______. Profissionalização de indivíduos portadores de deficiência mental: visão do agente institucional e visão do egresso. In: *Temas em educação especial 3*, São Carlos: EDUFSCAR, 1996. p. 217, 248.

MANZINI, Eduardo J., SIMÃO, Lívia M., (Org.). Formas de raciocínio apresentadas por adolescentes deficientes mentais: um estudo por meio de interações verbais. In: L*inguagem, cognição e ensino do aluno com deficiência.* Marília: Unesp Marília Publicações, 2001, p. 55, 87.

MARQUES, Luciana Pacheco. *O professor de alunos com deficiência mental*: concepções e prática pedagógica. Juiz de Fora: Editora UFJF, 2001.

MARQUEZINI, M. C., ALMEIDA, M. A , OMOTE, Sadao, (Orgs.). *Colóquios sobre pesquisa em educação especial.* Londrina: EDUEL, 2002.

MASINI, Elcie S. Ação da psicologia na escola. In: *Revista Ação Pedagógica.* São Paulo: Universidade Presbiteriana Mackenzie, 2001.

MAZZOTTA, M. J. S. *Fundamentos de educação especial.* São Paulo: Pioneira, 1982.

______. *Educação escolar*: comum ou especial? São Paulo: Pioneira, 1987.

______. *Trabalho docente e formação de professores de educação especial.* São Paulo: EPU, 1993.

______. *Educação especial no Brasil*: história e políticas públicas. São Paulo: Cortez Editora, 1996.

______. Deficiência, educação escolar e necessidades especiais: reflexões sobre a inclusão socioeducacional. In: *Cadernos de pós-graduação, 7.* São Paulo, Universidade Presbiteriana Mackenzie, 2002.

MENDES, Enicéia Gonçalves. A evolução na concepção científica da deficiência mental no século XX. In: Temas em educação especial. CNPQ e FAPESP. São Carlos: UFSCAR, 1990. p. 85, 92.

______. Evolução histórica da concepção científica de deficiência mental. In: Temas de educação especial 3, (Org.). Celso Goyos et al, São Carlos: EDUFSCAR, 1996, p. 119, 136.

______. Perspectivas para a construção da escola inclusiva no Brasil. In: *Escola inclusiva.* São Carlos: EDUFSCAR, 2002. p. 61, 85.

______. (at all). O aluno especial na classe regular: uma análise das interações sociais dos pares. In: CAPELLINI, V. L. F; MANZONI, R. M. (Org.). *Políticas Públicas, práticas pedagógicas*: Diferentes olhares sobre o processo educacional. Bauru: UNESP, Cultura Acadêmica, p. 604, 613, 2008.

MCELROY, E. (Org.). *Crianças e adolescentes com doença mental*: Um guia para pais. Trad. Lucia Rely. Série Educação especial. Campinas: Papirus, 1996.

MOLL, Luis C. *Vygotsky e a educação.* 2. ed. Trad. Fani A . Tesseler. Porto Alegre: Artes Médicas, 2002.

MONTESSORI, Maria. *Para educar o potencial humano.* Trad. Mirian Santini, Campinas: Papirus, 2003.

NOGUEIRA, M. de A. M. *Interação professor-ouvinte e pré-escolares surdos*: em duas alternativas metodológicas. Brasília: CORDE, 1997.

ORGANIZAÇÃO MUNDIAL DA SAÚDE, O.M.S. *Debates técnicos sobre o adolescente.* Lisboa: Portugal, 1989.

OLIVEIRA, M. Kohl e OLIVEIRA, Marcos Barbosa, (Orgs.). *Investigações Cognitivas.* Porto Alegre: Artes Médicas, 1999.

OLIVEIRA, M Kohl. e TEIXEIRA, E. A Questão da Periodização do Desenvolvimento Psicológico. In: *Psicologia, Educação e as Temáticas da Vida Contemporânea, Educação em Pauta.* São Paulo: Editora Moderna, 2002.

______. Pensar a Educação: Contribuições de Vygotsky. In: *Piaget-Vygotsky*: Novas Contribuições para o debate. São Paulo: Editora Ática, 2002, p. 51, 84.

PERRENOUD, Philippe (Org.). *Formando professores profissionais: quais competências?* Porto Alegre: Artes Médicas, 1997.

______. *Construir as competências desde a escola.* Porto Alegre: Artes Médicas,1999.

______. *Dez novas competências para ensinar.* Porto Alegre: Artes Médicas, 2000.

______. *Pedagogia Diferenciada: das intenções à ação.* Porto Alegre: Artes Médicas, 2000.

PESSOTTI, I. *Deficiênc*ia mental: da superstição à ciência. T. A. Queiroz (ed.) São Paulo: EDUSP, 1984.

PIAGET, J e INHELDER. The semiotic or symbolic function,. In: *The psychology of the Child* (p.51:91), London: Routledge and Kegan Paul Ltd, 1969.

______. *A Psicologia da Criança.* 10. ed. São Paulo: Difel, 1999.

PLACCO, Vera M. N. de S. Relações interpessoais em sala de aula e desenvolvimento pessoal de aluno e professor. In: *As Relações Interpessoais na Formação de Professores.* São Paulo: Edições Loyola, 2002, p. 7, 20.

______. Vera M. N.de S. *Formação e prática do educador e do orientador.* 4. ed. Campinas: Papirus, 2000.

PREFEITURA MUNICIPAL DE DIADEMA. Censo municipal das pessoas portadoras de deficiência. In: Revista da SECEL, *Secretaria da Educação Cultura, Esporte e Lazer*, nº 3, dezembro de 1996. Diadema, 1996, p. 13, 21.

RECHE, Cleonice C. Adolescentes com deficiência mental: teorias sexuais. In: *Revista Brasileira de Educação Especial*, N. 3, Vol. II, São Carlos: Editora da UFSCAR e Editora da UNIMEP, 1995, p. 39, 53.

SALLES, Leila M.F. *A representação social do adolescente e da Adolescência: um discurso contrastante entre o genérico e o particular* (um estudo em escolas públicas do Estado de São Paulo), 1993. 221 p. Tese (Doutorado em Psicologia da Educação) Pontifícia Universidade Católica, São Paulo.

SÃO PAULO. SECRETARIA DE ESTADO DA EDUCAÇÃO. CENP, Coordenadoria de Estudos e Normas Pedagógicas. *Escola em movimento.* São Paulo, 1994.

______. *Diretrizes da Educação Especial na Educação Básica*, março de 2001.

SILVA, Moacyr. Desenvolvendo as relações interpessoais no trabalho coletivo de professores. In: *As relações interpessoais na formação de professores.* São Paulo: Edições Loyola, 2002, p. 79, 90.

______. *Revisitando o Ginásio Vocacional.* Um "locus" de formação continuada, 1999. Tese (Doutorado em Psicologia da Educação) Pontifícia Universidade Católica PUC, São Paulo.

SILVA, Rossana V. de Souza, CARMO, Apolonio Abadio. *Produção Científica relacionada à pessoa portadora de deficiência*: Dissertações e Teses. Uberlândia: UFU/NUTESES/NEPED, 1998, p. 335 , v. 2.

______. Produção Científica relacionada à pessoa portadora de deficiência: Dissertações e Teses. Uberlândia: UFU/NUTESES, 1999 , p.114, v. 1.

SPLITTER, L. J. ; SHARP, A. M. *Uma nova educação: a comunidade de investigação na sala de aula.* Trad. Laura Pinto Rebessi. São Paulo: Nova Alexandria, 2001.

STAINBACK, S. *Inclusão: um guia para educadores.* Trad. Magda França Lopes. Porto Alegre: Artes Médicas, 1999.

TOMASINI, Maria E. Archer. Trabalho e deficiência mental: uma questão a ser repensada. In: *Revista Brasileira de Educação Especial*, N. 3, Vol. II. São Carlos: Editora da UFSCAR e Editora da UNIMEP, 1995, p. 127, 132.

UNICEF, Fundo das Nações Unidas para a Infância. *Declaração Mundial sobre Educação para todos.* Tailândia, 5 a 9 de março, 1990.

UNESCO/ MINISTÉRIO DA EDUCAÇÃO E CIÊNCIA DA ESPANHA. *Declaração de Salamanca e Linhas de ação sobre Necessidades Educativas Especiais: acesso e qualidade.* Brasília, DF: CORDE, 1994.

VELHO, G. (Org.). *Desvio e Divergência*: uma crítica da patologia social. 6. ed. Rio de Janeiro: Zahar Editores, 1989.

VYGOTSKY, L.S. *A Formação Social da Mente.* São Paulo: Martins Fontes, 1987.

______. *Pensamento e Linguagem.* São Paulo: EPU, 1989. p. 50.

______. Obras Escogidas, volume V, *Fundamentos de Defectologia*, Editorial Pedagógica Moscú, 1983, De la presente edición Visor, S. A., Madrid, 1997.

______. *Psicologia da Arte.* São Paulo: Martins Fontes, 1999.

WERTSCH, James V., DEL RIO, Pablo e ALVAREZ, Amélia. *Estudos Socioculturais da Mente.* Trad. Maria das Graças G. Paiva e André Rossano T. Camargo. Porto Alegre: Artes Médicas, 1998.

______. A voz da racionalidade em uma abordagem sociocultural da mente. In: *Vygosty e a Educação.* Porto Alegre: Artes Médicas, 1996, p. 107, 122.

ANEXO I. Projeto de Pesquisa

INFORMAÇÕES SOBRE OS PARTICIPANTES

Professor (a): Idade:

Aceita participar desta atividade de pesquisa? Sim ( ) Não ( )

FORMAÇÃO:

Escola do Ensino Médio ( ) Magistério ( ) Outros ( ) Ano de Conclusão:

Instituição Pública ( ) Instituição Privada ( )

Curso Superior ( ) Concluído ( ) A ser concluído ( ) Curso:

Exerce alguma outra função? Sim ( ) Não ( ). Qual?

Qual sua disponibilidade para uma entrevista? Dias da semana:

Participa de algum grupo social? Sim ( ) Não ( ). Qual?

Participa de algum grupo religioso? Sim ( ) Não ( ). Qual?

Utiliza suas horas de lazer para:
Leitura ( )
Passeios ( )
Viagens ( )
Prática de Esportes ( )
Ida ao Teatro ( )
Ida ao Cinema ( )
Ida a Museus ( )
Ida a Parques ( )

Qual a leitura que aprecia e utiliza mais?
Jornais ( )
Revistas ( )
Revistas Científicas ( )
Romances ( )
Literatura variada ( )
Livros técnicos ( )
Assistir TV ( )

Faz algum curso atualmente? Sim ( ) Não ( )

Qual o motivo de sua procura por um curso?

ANEXO II. Questões para entrevista com estrutura escrita

Nome: Idade:

Disciplina: Formado em:

Trabalha nesta unidade de ensino desde:

Professor de: Séries:

- Qual sua relação com adolescentes?
- Quais são as principais necessidades dos adolescentes com deficiência mental e com necessidades educacionais especiais que estão frequentando as classes do ensino regular?
- Segundo sua opinião, quais são as principais dificuldades encontradas em integrar e incluir estes adolescentes em suas aulas em classes do ensino regular? Você faz algum tipo de adaptação para atender as dificuldades desses alunos-adolescentes?
- Você recebeu alguma orientação para trabalhar com alunos com necessidades educacionais especiais?

Questões para entrevista gravada

- Os professores de 5ª a 8ª séries do Ensino Fundamental estão preparados para aceitar alunos adolescentes com deficiência mental em suas classes regulares? Quais são suas concepções a esse respeito?
- Há dificuldades nas relações entre professores e alunos-adolescentes? Quais são elas?
- As concepções que os professores têm sobre os alunos-adolescentes podem dificultar o relacionamento interpessoal e interferir na progressão desses alunos nas classes regulares?